西洋世界と日本の近代化

教育文化交流史研究

加藤詔士
吉川卓治
編著

大学教育出版

まえがき

（一）

日本は、古くから海外との交流を重ねてきた。近代日本においても、その成長と発展は海外、とくに西洋との交流による幅広い情報の収集と活用によるところが大であった。

「鎖国」を解いた日本は眼を西洋に向け、欧米先進諸国にならって文明の開化をはかった。近代国家としての諸制度を整えるために、欧米諸国の文物制度を調査・研究してその摂取をはかったことで、近代化と工業化が進展をみるが、その近代化・工業化は実は教育に推進されるところが大きかった。明治政府は、国の富強と開明の基礎は教育にあるとの基本方針をたて、教育の施策に力を注いだが、明治以降も、教育は近代日本の発展に欠かすことのできない役割を果したことはよく知られているところである。

その西洋の文物制度の受容ないし摂取は、さまざな形でおこなわれた。なかでも外国人教師や技師の招聘、留学生の選抜と派遣、使節団・調査団の派遣、万国博覧会への参同、学術文献の輸入・翻訳などといった経路が注目される。

もう一つ、西洋の文物制度は一国だけでなく複数モデルのなかから主体的に選択して摂取しようとしたことが注目される。いくつかの国から専門領域に応じていいところを選び、その長所を積極的に取り入れようとしたのである。これは、事前に学ぶべき領域について国ごとの比較検討がある程度おこなわれていたであろうという点においても、注目される。

日本開国後の西洋世界との交流と関係というと、ジャポニズムという芸術現象が知られているが、教育の世界においても、右のような実に興味深い交流と関係が認められるのである。これらの局面について考察を深めることは、近代日本教育の歴史像の再構成に寄与するであろうと考えられる。

(二)

『西洋世界と日本の近代化—教育文化交流史研究—』と題する本書は、このような近代教育の成立と展開にみられる西洋世界との交流と関係という局面に注目し、企画されたものである。

その内容は、「西洋近代の教育文化」、「西洋と日本の教育文化交流」、「日本における近代教育文化の受容と摂取」という三部から構成されている。第一部では、日本がモデルを求めた西洋近代に由来する教育学説・教育概念の受容、ならびアメリカ大学における産学官連携組織の設立と日米交流をめぐって考察が展開されている。第二部では、日本が西洋世界と関係をもち始めた一九世紀なかばから二〇世紀はじめに至るまでを対象に、お雇い仏学教師、来日アメリカ人教師の教育講演、スコットランドへの工学留学生、ドイツへの医学留学生をめぐって考察されている。第三部では、日本に持ち込まれた西洋近代教育文化の受容について、授業研究、保育学校、陶磁学校、洋服裁縫技術をめぐり、その具体的様相が明らかにされている。

交流というと、西洋を基準とした一方的な追従の過程だけでなく、その実態は逆流や反発・抵抗、さらには還流という局面をも含むものである。本書ではそのことに関心を払ってはいるが、それらのすべての局面を解明するまでには至らず、主に西洋世界から近代日本への教育文化の受容ないし摂取の局面の分析が中心になっている。また、西洋世界といっても、考察の対象とされた国はドイツ、アメリカ、フランス、イギリスに限られている。

そのほか、諸事情から当初の構想どおりの著書を編むまでに至らなかったけれども、それでも西洋世界と近代日本との間にみられる交流と関係という興味深い局面の一端が、少しばかり明らかにされたように思う。いずれ体勢を整え直し想をあらたにして、考察を深めたいと願っている。

（三）

本書は、私が平成二十年三月末をもって名古屋大学を定年退職するのを記念して編まれたものである。

在職中は、近代英国成人学習の社会史、ならびに内外（とりわけ日英）教育文化交流史を中心に研究と教育にたずさわってきたが、本書は、そのうち、内外教育文化交流史の研究と教育を共にしてきた諸氏によって企画され、執筆していただいた。執筆者各自の問題関心に即して、先述の主題をめぐる論文を寄せていただいた。本書が成ったのもこれらの方々のご協力があればこそである。心から謝意を表する次第である。

本書を刊行するにあたり、とりわけ代表として編集の任に当たられた吉川卓治准教授、出版に際してお世話になった大学教育出版の佐藤守氏には、格別なご配慮をいただいた。衷心よりお礼を申しあげる。

二〇一〇年三月

加藤　詔士

西洋世界と日本の近代化
―教育文化交流史研究―

目次

第一部　西洋近代の教育文化

第一章　カント『教育学』翻訳考

藤井　基貴

時代の学問的意識の発展と共に、翻訳そのものにも単に語学上のもの以上の発展が存在する(1)

三木　清

一　はじめに

西洋近代を代表する哲学者カントは、哲学のみならず、教育学の歴史においても足跡を残している。カントは教育学が新しい学問として大学で講義され始めた一八世紀後半に、東プロイセンのケーニヒスベルク大学において、哲学部教授陣の持ち回りで開講されていた教育学講義を実際に担当している。その内容はのちに弟子の手によって『教育学』（*Immanuel Kant über Pädagogik, 1803*）として公刊された。同書におさめられた「人間は教育によってはじめて人間となる」（*Der Mensh kann nur Mensch werden durch Erziehung.*）という言葉や、「人間とは教育されなければならない唯一の存在である」（*Der Mensch ist das einzige Geschöpf, das erzogen werden muß.*）といった言葉は、カントの教育観を簡潔に言い表す言葉として、また教育学の教科書のなかでは「教育の必要性」に対する直裁的な答えとして、たびたび引用されてきた。

その一方で、『教育学』はカント自身によってまとめられた書物ではないため、最新の『カント全集』においては「著作」ではなく「講義録」として位置づけられている[2]。カント研究者においてはカントの哲学体系を補完するための間接的な資料とみなすものも少なくない[3]。また、近年の文献学的研究によって、『教育学』には同時代に出版された他の教育書との内容上の類似点や、カントの主要著作とのさまざまな相違点も指摘されており、同書をめぐる「文献学的不確定性」の問題も提起されている[4]。前述の言葉にしても、カントが講義の際に参照していたとされるルソーの『エミール』に同様の言い回しが認められる[5]。こうした事情を考えあわせると、これらはカント独自の言葉というより、むしろ西洋近代の教育精神をあらわす言葉として受け止めることが適切であろう。このように『教育学』という書物には文献上の制約および課題がある。それにもかかわらず、現代にいたるまで日本の教育学関連図書のなかで繰り返しカントへの言及がなされてきたのはなぜであろうか。

『教育学』という書物はカントの講義録のなかでもっとも邦訳が多いことで知られている。一九二四年の留岡訳にはじまり、これまで八種の邦訳書が出されている。八種というのはカントの主要著作の一つである『実践理性批判』の邦訳書の九種に匹敵する数である[6]。英米圏をみると『教育学』の翻訳はチャートン版とバッチナー版の二種しか出されていない[7]。日本におけるカント受容に関する先行研究のなかでは『教育学』についてはほとんど取り上げられてこなかったが[8]、『教育学』の邦訳の多さはひとつの特徴として注目することができるだろう。

『教育学』にこれほどの邦訳が存在する理由は、同書が哲学関係者のみならず、教育学関係者からも高い関心を集めてきたことにある。実際に、八種のうち四種は教育学を専門とする研究者によって訳されたものである。加えて、『教育学』の訳出はカント研究および教育学研究の「学問的発展」にも支えられてきた。訳者たちは訳語を選定し、訳注や解説を付すにあたり、以前の翻訳を参照しながらも、各時代の最先端の知見や研究成果を盛り込んでいる。したがって、われわれは『教育学』の邦訳書を比較検討することによって、この西洋の教育思想が近代以降の日本においてどのように評価されてきたのかを跡付けることもできるだろう。

本章では以上のような見通しのもと、『教育学』の邦訳書を主たる分析の対象とし、それらが日本でどのように受容されてきたのか、またそこに取り上げられている教育概念がどのように訳出されているのか検討する。そのうえで新たな『教育学』の解釈可能性をさぐることを目指す。

二　『教育学』の翻訳者とその背景

これまでに出版された『教育学』の邦訳書の一覧をまとめたのが表1である。『教育学』の翻訳者の専門領域は大きく二つに分けることができる。先述のとおり、一つは哲学関係者であり、もう一つは教育学関係者である。前者による翻訳は、岩波書店や理想社によって刊行された三種類のカント著作集・全集におさめられている。これには③、⑤、⑧が該当する。後者による翻訳は、各時代に刊行された教育学選集のなかにおさめられている。これには①、④、⑥、⑦が該当する。②の訳者である西田は独文学の出身であり、教育学に対しても関心を寄せていた(9)。同訳書の出版に際しては、戦前を代表する教育学者の一人である吉田熊次が助力し、推薦文まで添えている。

翻訳が出版される以前の『教育学』についての評価も概観しておく。日本初の教育学事典とされる木村一歩編纂『教育辞典』（一八九三年）には、「カント（インマニユエル）」の独立見出しが設けられており、カントの学説と『教

表１　『教育学』の邦訳書一覧

	翻訳者	タイトル	書名	出版社	出版年
①	留岡清男	教育学	『世界教育名著叢書Ⅲ』	文教書院	1924年
②	西田宏	教育学	『全譯カント教育學』	目黒書店	1934年
③	木場深定	教育学	『カント著作集17』	岩波書店	1936年
④	清水清	教育学	『世界教育宝典17』	玉川大学出版部	1959年
⑤	尾渡達雄	教育学	『カント全集第一六巻』	理想社	1966年
⑥	伊勢田耀子	教育学講義	『世界教育学選集60』	明治図書	1971年
⑦	三井善止	教育学	『世界の教育思想5』	玉川大学出版部	1986年
⑧	加藤泰史	教育学	『カント全集17』	岩波書店	2001年

育学』の簡単な紹介が二頁にわたって記されている(10)。ただし、その内容は『教育学』を専門的に読み解いて書かれたものとは言い難く、内容理解においても齟齬がみられる。この原因の一つは、そもそも当時の日本ではカントの学説自体がほとんど研究されていなかったことがあげられる。

日本におけるカント研究は一九世紀末になって本格的に開始された。先行研究によれば、最初にカントに関する学術論文が出されたのは一八九二年の『哲学雑誌』に掲載された中島力造「カント氏批評哲学」とされる(11)。『教育学』に関する論文については、管見の限りではあるが、一九〇二年『教育学術界』の永鱸江「カントの教育論」が初出となる(12)。同論文は英訳チャートン版『教育学』を手がかりとして書かれており、『教育学』の内容をはじめから順に要約したものである。同論文の冒頭で著者は次のように述べている。

（カントの）教育に対する学説の大要を紹介しやうと思ふ。といふのは、近来かのヘルバルト学派に対して反対に立つ所の新カント学派では、ヘルバルト派の教育学説を非難して、頻りに「カトン（ママ）に帰れ」と呼んで居る位であるから、幾分読者の参考にならうと思ふたからである。まして世界の大智識といはれた碩学が、教育に対して如何に非凡な考をもって居たかを知るのも、亦頗る有益なことであろうと思ったからである(13)

一九世紀後半から二〇世紀初頭におけるカントへの関心は「新カント派」と

呼ばれる新たな思想運動によって呼び覚まされた。このことは教育学においても同様であった[14]。新カント派の哲学者ナトルプは、当時の教育界で大きな影響力を誇ったヘルバルト派教育学への対抗原理として「哲学」に基づく教育学の基礎付けを試みており、日本でもこの思想に影響を受けた人びとによって新たな教育実践が生み出された[15]。新カント派による教育学の復興運動はカント哲学の教育学的意義をも問い直す契機となる。

日本の西洋教育史研究の草分けとして知られる大瀬甚太郎は、一九〇六年に出版した大著『欧米教育史』において、カントを二〇頁にわたり取り上げている[16]。大瀬は『教育学』については「秩序を欠き、統一なく、従つて未だ学理と称するに足らず」と述べる一方で、カント哲学が教育界に果たした役割に注目し、ヘルバルト派教育学を乗り越えようとする新カント派教育学にも評価を示した。また、一九一八年に出版された『教育大辭書』では春山作樹が「カント」の項目を担当し、同時代の他の思想家との対比のなかでカントの教育論を解説している[17]。その内容は前述の『教育辞典』と比べて質量ともに充実しており、『教育学』を直接読み解いて書かれていることが判る。このように翻訳書が出される以前から『教育学』の研究は進められていた。そこにはヘルバルト派教育学に対する批判および新カント派によるカントへの再評価が共通した思想背景としてうかがえる。

最初の邦訳書『教育学』は一九二四年に出版された『世界教育名著叢書』に収められた。同叢書の刊行について吉田熊次は次のように評している。

> 我国の現行教育制度と其の精神とは欧米文化の感化に属する部分が極めて多い。然るに従来の我が教育者は親しく欧米の教育諸大家の著書に接触することの機会が極めて限局されて居つたので、教育学の専攻者にしても未だ此等の人々の著書に親しむことが出来難い有様であった[18]

周知のとおり、近代日本における教育学は欧米からの輸入学問として出発しており、この時代に西洋の著名な教育学者や哲学者の教育論が相次いで翻訳された。

『教育学』の翻訳を担当した留岡清男は、社会福祉の先駆者として知られる留岡幸助の子である。彼は一九二三年に東京帝国大学文学部心理学科を卒業し、翻訳が出された当時は東京農業大学の教授であった。生涯を通じて教育学および心理学の領域で数多くの著作を残し、この翻訳を出した直後に新カント派ナトルプについての論文を執筆している。また、城戸幡太郎らとともにカントに関する読書会も開催し、カントについての研究もすすめていた[19]。しかし、同訳書には訳者による注や解説がないため、彼自身の『教育学』に対する評価は判然としない。その代わり編者解説のなかには次のような評価が示されている。

> カントの『教育学』は、其の実、『児童教育の実践的指導』と称すべく、幼時の躾け方などを微細に説くあたりは、とても批判哲学を書ける人とは思はれざる程である。カントを厳粛一遍と解する人は、先づ彼れの『教育学』一巻を読み、温かなる愛の人、情の人たるカントの全人格に直接せられんことを望む[20]

また、同書では「新カント派の教育説に通ずるには、是非ともカント哲学に関する予備知識を必要とする」[21]としてカント哲学についての概説も巻末に付された。このように留岡訳は教育学における新カント派の台頭、および西洋古典の翻訳による欧米の教育学説の輸入という学問状況のなかで出版されたものであった。

留岡訳から一〇年後に西田訳が出される。西田訳に推薦文を寄せた吉田熊次は、すでに留岡訳が出されていたものの「今や我が教育界は邦文に依つてカントの教育学説を直接に読むことが出来ることとなった。これ実に我が教育界の一大慶事である」[22]と称えた。日本におけるカント研究は大正から昭和初期にかけて桑木厳翼、天野貞祐、波多野精一、田辺元らの優れた研究によって大いに発展し、西田訳が出された一九三〇年代は大西克礼、高坂正顕らによってより精緻で体系的な研究が進められていた[23]。西田は解題にあたり、数種あるドイツ語版および英訳バッチナー版

『教育学』を参照し、カントが教育学講義を担当した経緯、『教育学』の成立事情などについて海外の研究成果を紹介している。また、『教育学』を翻訳する意義については次のように述べている。

カント哲学の宣傳せらるること既に久しくしてその主著のたいてい移植評論されてゐる今日、主著『実践理性批判』の異體同心と見るべき『教育学』が未だまとまった紹介によりて現存してゐないのは教界の闕陥と云はねばならぬ。特に刻下の世態に對して斯の感を深うする(24)

留岡訳の解説では『教育学』とカントの批判哲学との隔たりが指摘されていたが、西田訳ではカント研究の発展を踏まえたうえで、『実践理性批判』との関わりにおいて『教育学』を読み解くという新たな解釈の糸口が示された。これに続く木場訳は、日本初のカント著作集のなかに収められている。木場訳は戦前の『教育学』研究の集大成といっても過言ではない。同書には三六頁にわたる解題、二四頁にわたる訳注が記されている。そこでは現在においても最重要と位置づけられるシュヴァルツの『教育者としてのイマヌエル・カント』の成果を中心に、先行研究の成果が丹念にまとめられている。シュヴァルツの研究は二度の戦火によって失われてしまった史資料に基づく貴重な研究成果であり、海外の先行研究においても戦後長いあいだケーニヒスベルク大学における教育学講義の開設および運営事情に関するほぼ唯一の典拠となってきた(25)。そのため日本においては木場訳の解題が以来頻繁に引用されることとなる。

戦後に出された清水訳は玉川大学出版部によって選集された『世界教育宝典』のなかに収められている。訳者解説には次のようにある。

この宝典の企画にカントの著作を加えるということは玉川大学編集当局のずっと以前からの希望であった。そしてその場合にま

ず取り上げられた著作が『ペダゴギーク』であったことは当然である[26]

もともと訳者の清水はこの翻訳企画がもちあがった際に「念頭に浮んだカントの著作は『ペダゴギーク』であるよりむしろ『アントロポロギー』であった」と述べている。そして「『人間学』と合わせてこそはじめて『教育学』講案は、量の点からも質の点からも、宝典の列に加わってよいものとなるであろうということを確信し、そしてそのようにすることを提案」[27]するにいたった。そのため同書には『教育学』と『人間学』の翻訳が収められている。『人間学』は、カントが二〇年以上にわたって開講していた講義をまとめたものであり、カント自身の手によって一七九八年に出版された。清水の見通しは的確であり、『教育学』と『人間学』の相互補完性はその後の研究においても支持され、近年になって新たに刊行された「人間学」の講義録からも裏付けられている[28]。

つづいて理想社から出された『カント全集』の尾渡訳では『教育学』に示された個々の教育概念の体系化が目指された。尾渡もまた『人間学』に注目し、『教育学』で展開された教育概念の階梯構造を『人間学』と比較検討することによって整理を行っている。

一九七一年の『世界教育学選集』に収められた伊勢田訳はもともと戦後教育学を代表する教育学者である勝田守一が担当する予定であった。それが一九六九年の勝田の急逝により、伊勢田によって訳出される。伊勢田は解説で次のように述べている。

想い起こせば、勝田先生からカントの教育学講義を訳されるお話をうかがったのは、私の渡独の前年の一九六三年のことであった。当初、先生はこの教育学講義の訳を中心に『人間学』、バゼドウの汎愛学舎に関する所感、教育に関する書簡・小論などの抜萃を集めてそこに見られるカントの教育思想を独自の立場からおまとめになる予定であった[29]

勝田が『教育学』に関心を寄せた理由は何であったのか。勝田は一九六六年に出版された著書のなかで次のように述べている。

ペダゴジーの概念があらわれて、定着しはじめるのは十八世紀後半である。そしてその代表的なものはカントの講義題名にみられるのだが、ここにはこの語を「教育学《ペダゴジー》」として使用する時代の課題意識があらわれている。「教育学」は、人間学の主要な一部としてとらえられ、哲学的思弁によって、人間性の探求とその実現可能性の反省を任務とする(30)

勝田はこうした「教育学」の在り方に限界を感じ、それを乗り越えるために、「実証的知識によって組織される法則的知識」に基づく「教育科学」の建設を主張した。勝田によれば、「教育学」という学問は、カント以後「規範の学としての教育学」と「経験によって蓄積された技術知」という二つの部分を含みこむこととなり、そのために固有の原理に基づき、独立かつ自存する「教育科学」としての発展を待望されるようになったとされる。こうした学問的課題に対し、勝田は人間の社会化と成長発達とを関係づける「人間学としての教育学」を提起し、独自の「教育科学論」を展開した(31)。勝田によるカントの『教育学』および『人間学』への関心は、その基礎作業の一環として位置づけられるものであり、訳出が実現していれば勝田による教育学の科学化へ向けた歴史的検証の一端を果たすものとなったであろう。

一九八六年にだされた三井訳においても『教育学』に加えて『人間学』の翻訳が収められた。『教育学』についての文献学的研究が進むにつれて、先行研究においても『人間学』と合わせ読むことによってカントの教育論および人間形成論を把握することが研究上の基本的な手続きとなった(32)。

二〇〇一年に出された加藤訳では、戦後の『教育学』研究の最大の成果といえるヴァイスコップフの研究が反映されている。ヴァイスコップフは、詳細な文献学的考察によって、『教育学』の各パラグラフがカント著作や講義録、またルソーの『エミール』やバゼドウの『方法書』といった同時代の教育書とどのように対応しているのかを明らかにした[33]。これにより『教育学』が同時代のどのような教育課題を取り上げ、また取り上げていないのかを明らかにする手掛かりが示されたのである。さらに、加藤訳においては『教育学』成立に関する歴史研究の成果や、育児に関する社会史研究の知見なども反映された[34]。これらは『教育学』の持つ歴史的特性を改めて問い直す手がかりを与えたといえる。加えて『教育学』をカントの「政治哲学」との結び付きのもとで読み解くという加藤自身の研究成果による新たな研究視点も示された[35]。

このように『教育学』というテクストを読み解くためのコンテクストは、同時代のカント研究および教育学研究の発展とともに、すそ野が広げられ、新たなカント教育論の解釈可能性を生み出してきたことが見て取れる。

三　『教育学』における訳語の変遷

『教育学』にはさまざまな概念についての断片的な記述がみられる。それらの訳語の変遷をまとめたのが表2である。本節では最新の邦訳書であり、筆者自身も翻訳作業の一部に携わった加藤訳の訳出を中心に訳語を検討する。

表2より、『教育学』の邦訳書のなかで訳語が変わらなかったのは「訓練」（Disziplin）と「訓育」（Zucht）だけであることがわかる。それ以外にはいくつかの訳語があてられている。訳語の変化が生じた背景には以下三つに区分される研究成果が影響したと考えられる。第一は、西洋近代の教育概念についての研究であり、第二は、『教育学』と『エミール』との対応関係についての文献学的考察であり、第三は、カント哲学の諸概念についての研究である。

（一）西洋近代の教育概念に関する概念の訳出

①　Bildung

カントの教育論の中心概念であり、ドイツ教育学の基本概念でもある（Bildung）には「陶冶」という定番の訳語があてられてきた。加藤訳ではこれに「人間形成」という訳語をあてている。加藤訳の訳業がすすめられていた一九九八年、ドイツの教育学者テノルトの翻訳書が出版され、そのなかの（Bildungstheorie）が「人間形成論」と訳出された。このことは『教育学研究』の書評欄でも「〈Bildungstheorie〉を『人間形成論』と訳されている意欲的な企て（第一章）にはたいへん啓発され、その意図に対して大いなる賛意を表したいと思う」[36]と評価されるところとなり、加藤訳でもこの訳語が採用された。今日の教育学研究では（Bildung）を「人間形成」と訳すことのほうがむしろ一般的になりつつある。

②　judiziös

『教育学』では「教育術の起源は……機械的なものと、（judiziös）なものとがある…」[37]という件がある。この（judiziös）を、加藤訳では「判断力にもとづいて反省された（目的論的な）」と訳している。それまでは「思慮的」「叡知的」「十分思弁的」などの訳語があてられていた。加藤は山口匡の研究成果に言及して、（judiziös）が「裁判、法廷、判決、判断力」などを意味するラテン語の（judicium）に起源を持つことを踏まえ、その原義に即した訳出を行った。カントは理性による批判の場を「法廷」の比喩を用いてしばしば語っている。「目的論的な」という訳出は、教育術が（judiziös）なものとして理性による「法廷的な手続き」を踏まえた「学」となるならば、それは単なる「機械論的」なものにとどまらず、人間の「使命」に基づいて「目的論的」に構成されたものになるはずであるという山口論文の解釈を反映させたものである[38]。同概念は、『人間学』によらない、カント批判哲学と『教育学』とを結び付ける新たな手掛かりとしても注目される。

（二）『教育学』と『エミール』とに対応する概念の訳出

①「教育」（Erziehung）定義箇所における訳出

『教育学』の最初のパラグラフにおいて「教育とは『養育（養護・保育）』と『訓練（訓育）』および『人間形成をともなった知育』ということを意味している。……したがって、人間はまず乳児であり、—教え子となり—そして生徒となるわけである」[39]（加藤訳）と説明されている。この一文にある幾つかの概念については訳語もさまざまな異同がみられる。ヴァイスコップフの研究では、引用箇所の三つの区分について『エミール』の一節との対応関係を指摘している。『エミール』には次のようにある。

> 教育 éducation という語は、今はもうその意味ではなくなっているが、古くは授乳という意味をもっていたのである。Educit obstetrix, educat nutrix, insituit padagogus. docet magister.（産婆がこの世に引き出し、乳母が育て、指導者が導き、教師が教える）とヴァロもいっている。この、保育 éducation と指導 institution と、教授 instruction の三者は、養育者《グーヴェルナント》と、指導者《プレセプトール》と、教師《メートル》の三者が異なるように、それぞれ目的にちがいがある[40]

ルソーは古代ローマのヴァロによる「産」「育」「訓」「教」の四区分を「保育」「指導」「教授」の三つへと区分した[41]。『教育学』の三区分もまた『エミール』の構成を引き継いでいる。加えて『エミール』には指導者と教師の区分について「子どもたちに教える学問はただ一つしかない。それは、人間としてなさねばならぬ義務に関する学問だ。……わたしは、この学問を教える先生を、教師というより、指導者と呼びたい」[42]とあり、教師に対する指導者の優位が示された。この理解は『教育学』でも受け継がれている。教師とは「たんに知識を伝達するにすぎない」とされる「学校教師」（Informator）のことであり、指導者とは「人生のために教育」を行っている「家庭教師」（Hofmeister）のことされる[43]。したがって、指導者に「指導」を受ける（Zögling）は教え子、学校教師

『教育学』の訳語表

清水訳 (1963年)	木場訳 (1936年)	西田訳 (1933年)	留岡訳 (1924年)	
養護	養護	配慮	養護	Wartung
扶養	保育	看護	愛護	Verpflegung
保育	養育	養育	給養	Unterhaltung
乳児	乳児	嬰児	幼児	Säugling
生徒	生徒	生徒	生徒	Zögling
学生	弟子	学生	徒弟	Lehrling
訓練	訓練	訓練	訓練	Disziplin
訓育	訓育	訓育	訓育	Zucht
教授	教授	教化・指導	教授	Unterweisung
陶冶	陶冶	教化	陶冶	Bildung
野性	未開の状態	野蛮態	野蛮	Rohigkeit
教育学	教育学	児童学	教育学	Pädagogik
本分	本領・・	天賦	本分・使命	Bestimmung
粗暴	野生・粗放	蛮風	不規律	Wildheit
強制	強制	強制	強制力	Zwang
性向	性向	癖	傾向	Hang
幼少の頃	幼少の頃	青年時代	幼時	Jugend
教化	教化	教化	教化	Kultur
一致	一致	同型性	一致	Gleichförmigke
自然的素質	天賦の素質	天性	天賦の素質	Naturanlage
技術	技術	技術	技術	Kunst
徳性	徳性	徳性	徳性	Moralität
開化した	開化した	発達した	開化せる	gesittet
思慮的（判断的）	思慮的	叡智的	思慮	judiziös
世界の福祉	世界の福祉	世界の最善	世界の福利	Weltbeste
技両	技能	器用	技能（学芸）	Geschicklichkei
教訓	教示	教え	教示	Belehrung
怜悧	怜悧	明敏	思慮分別	Klugheut
教化	教化	教養	教化	Kultivierung
開化	開化	礼儀化	開化	Zivilisierung
徳化	徳化	道徳化	徳化（道徳的訓練）	Moralisierung
心術	心術	精神	性向	Gesinnung
扶育	扶育	配慮	手當	Versorgung
教導	教導	案内	教道	Anfuhrung
教員（学校教師）	学校教師	先生（師）	教育者	Informator
傅育者（家庭教師）	家庭教師	家庭教師（傅）	家庭教師	Hofmeister
公教的教育	公教育	公教育	公共的教育	die offentliche Erziehung
むつき	襁褓	襁褓	襁褓	Windeln

表２　カント

加藤訳（2001年）	三井訳（1986年）	伊勢田訳（1971年）	尾渡訳（1966年）
養育・養護	養護	養育	養護
養護	保育	養護	保育
保育	扶養	保育	扶養
乳児	乳児	乳幼児	乳児
教え子	生徒	生徒	生徒
生徒	学生	学生	でし
訓練	訓練	訓練	訓練
訓育	訓育	訓育（訓練）	訓育
知育	教授	指導	教授
人間形成・陶冶形成	陶冶	陶冶	陶冶
未開で未発達の	粗野性	未開のままの状態	未開性
教育学	教育学	教育学	教育学
使命	使命	本分	本分
野性的な粗暴さ	粗暴さ	粗暴さ	野性
強制力	強制	拘束	強制
性癖	性癖	傾向・愛着	性癖
子ども期・少年	幼少の時代	幼少時・幼少時代	幼少の頃
教化・文化	教化	教化・教養・文化	教化
同型性	一様さ	斉一性	一様さ
自然素質	自然素質	（自然）の素質	自然素質
技法	技術	技術	技術
道徳性	道徳性	徳性	道徳性
文明化した	開化した	開化した	開化した
判断力に基づいて反省された（目的論的な）	思慮的	十分思弁的	思慮的
世界の公共的利益（世界の福祉）	世界の福祉	世界の福祉	世界の福祉
熟達性	練達性	熟練・技倆・技能の熟	練達性
教示	教示	教授	教示
怜悧	怜悧	怜悧	怜悧
教化	教化	教化	教化
文明化	開化	教養	開化
道徳化	徳化	徳育	徳化
心術	心術	心的傾向	心術
扶養	扶育	扶養	扶養
指導	教導	指導	教導
学校教師	教師	知識の伝達者	教師
家庭教師	家庭教師	傅育者	家庭教師
公共的教育	公的教育	公的な教育	公的教育
スウォッドリング	おむつ	襁褓	おむつ

に「教授」を受ける（Lehrling）は生徒と訳出された。

② Windeln

（Windeln）とは、英語の（Swaddling：スウォッドリング）にあたる、新生児を半年間にわたり布でぐるぐる巻きにする育児習慣のことである。この育児習慣は『エミール』をはじめとして、近代ヨーロッパにおいて教育者や医師らによって厳しく批判された(44)。『教育学』でも同様であり、『エミール』の記述との対応関係も明確に認められる。この育児習慣は、二十世紀後半における社会史研究の発展によって、その起源、機能、産育史的意義などが明らかにされてきた。そのため近年では日本語の「襁褓《むつき》」や「おむつ」と区別され、固有名詞化されており、加藤訳でも「スウォッドリング」と訳出された。

（三）カント哲学の諸概念の訳出

① Kultivierung、Zivilisierung、Moralisierung

『教育学』では、理想とすべき発達段階として、「保育（Verpflegung）」「訓練（Disciplinieren）」「教化（Kultivieren）」「文明化（Zivilisieren）」「道徳化（Moralisieren）」という五つの区分が示され、「人間性の完成」に向けた一つの教育理念が構想されている。とりわけ、後段の三段階は『人間学』においても同様の区分が設けられており、これらの訳語はカント研究の定訳となりつつある。また、カント哲学の基本概念である（Geschicklichkeit）には「熟練」が定訳化しつつあるが、（Klugheit）は『カント事典』においては「怜悧」ではなく、「利口」の見出しで説明がなされている(45)。

② Die öffentliche Erziehung

『教育学』では、「私的教育（die Privaterziehung）」と「公共的教育（die öffentliche Erziehung）」についての

区分が示されている。この（öffentlich）という概念には、訳者である加藤自身の研究成果が反映されている[46]。カントにとって（öffentlich）という概念は、国家的を意味する（staatlich）と区別された「すべての人々がそこに参与しうる」という意味が含意されている。つまり、カントは（die öffentliche Erziehung）ということで、国家による教育制度について述べていたのではなく、「あらゆる人に広く開かれた空間」としての学校を構想していたのである。「公共的教育」という訳語は以前にもみられたが、加藤訳では、こうしたカントの政治哲学に対する新たな研究成果に即して、「公共的教育」という訳語が当てられている。

四　結びにかえて―『教育学』の新たな解釈可能性―

『教育学』の訳語を検討する作業のなかで、そのいくつかの概念は日本語としてほとんど意味が消失してしまっていることに気づく。そこにわれわれは『教育学』が出版されてから今日にいたるまでの教育という営みの変容をみてとることができる。

『教育学』はカントの教育論を再構成するうえでは欠かすことのできない文献であるが、それに加えて、八種の邦訳書には西洋由来の教育学説および諸概念が、日本においてどのように受容されてきたのか知る手掛かりが示されていた。この点に着目して、本章では『教育学』の邦訳書の比較検討を進めることで、『教育学』の背後にある学説史に光を当ててきた。ここにまた『教育学』を読み解くことの現代的意義および重要性が示されているように思う。

『教育学』に対する既存の理解を構成してきたのは教育学研究とカント研究の進展であり、邦訳書の訳出には、この二つの要素が重層決定にいたるほどまでに互いに作用しあってきた歴史が認められる。大正期から昭和初期にかけて、新カント派の台頭およびカント研究の進展によって、『教育学』の研究も開始された。『教育学』はもともと「講義録」であるため、内容上の齟齬の問題は戦前からも指摘されている。そのため戦後の研究においては『人間学』によって『教育学』の内容を補完して読み解くということが研究上の基本手続きとして主流となった。こうして『教育学』はカント研究者および教育哲学者らによってもっぱらテクスト内在的、文献学的に検討されるようになる。これに対し、近年になって新たな解釈の糸口として注目されるのが『教育学』を歴史的な視点から問い直すアプローチである。一九九〇年代後半から『教育学』の成立事情に関する歴史研究が相次いで発表され、それらは『教育学』の解読に新たな可能性を開いているといえよう。加えて、政治哲学者としてカントをとらえ直そうとする近年のカント研究の成果もまた重要な参照軸して注目される。

　本章では翻訳書を中心として日本における『教育学』受容についての基礎的な作業を進めたに過ぎない。したがって、今後はさらに広範なコンテクストを発掘しつつ、『教育学』およびカント教育論へのアプローチを続けていく必要があると考えている。それは同時に日本の教育学界が『教育学』という未完のテクストに取り組みながらも、カントへの期待を寄せ続けてきた理由を明らかにする作業ともなろう。

注

（1）三木清『三木清全集』第二〇巻、岩波書店、一九八六年、三頁。

（2）御子柴善之「カントの講義録」『カント全集別巻』岩波書店、二〇〇六年、四一八～四一九頁。

（3）Wolfgang Ritzel, Wie ist Pädagogik als Wissenschft möglich?. in: Jürgen-Eckardt Pleines (hrsg.). *Kant und die Pädagogik*, Würzburg. 1985. S.37-45. Werner Stark, Vorlesung-Nachlass-Druckschrift? Bemerkungen zu über Pädagogik, *Kant-Studien*, 91, Berlin und New York. 2000. S.94-105.

（4）Traugott Weisskopf, *Immanuel Kant und die Pädagogik*, Zürich. 1970.

（5）カントが所蔵していたドイツ語訳『エミール』で確認すると「植物は栽培によって形成され、人間は教育によって形成される」（Man bildet die Pflanzen durch die Wartung, und die Menschen durch Erziehung.）と記されている。Herrn Johann Jacob Rousseaus, Bürgers zu Genf, *Aemil oder von der Erziehung*, Berlin Frankfurt und Leipzig, 1762, S.4.

（6）管見の限りであるが『実践理性批判』には、樫山鉄四郎訳、深作守文訳、豊川昇訳、波多野精一／宮本和吉／篠田秀雄訳、宇都宮芳明訳、坂部恵／伊古田理訳、渡邊孝訳、松永材／高井篤訳、高井篤訳の九種がある。

（7）Annette Churton, Kant, *Kant on Education* (*Ueber Pädagogik*), London, 1899. (Thoemmes Press 1992.), Edward Franklin Buchner, *The Educational Theory of Immanuel Kant*, Philadelphia, 1904.

（8）武村泰男「日本のカント研究」坂部恵ほか編『カント事典』弘文堂、一九九七年、三九二～三九四頁、清水太郎「日本の哲学者はカントをどう見たか」『カント全集別巻』岩波書店、一三五～一四八頁、鈴木直『輸入学問の功罪―この翻訳わかりますか？』ちくま新書、二〇〇七年。なお、本章の構想にあたっては日本カント協会第32回学会および日本カント協会編『日本カント研究９』理想社、二〇〇八年における鈴木直、押田連、牧野永二らの議論から多くの示唆をえた。

（9）吉田熊次による「推薦辞」には「西田君は独文学専攻の学士であって、又殊に教育学に興味を持たれた」とある。西田宏『全譯カント教育學』目黒書店、一九三四年、一頁。

（10）木村一歩編纂『教育辞典』博文館、一八九三年、八二四～八二五頁。

（11）武村泰男、前掲論文、三九二頁。

（12）永鱸江「カントの教育論」『教育学術界』同文館、一九〇二年、一四一～一四二頁。

（13）同前、一四一頁。

（14）Heinz-Elmar Tenorth, Kant in der Pädagogik, *Jahrbuch für historische Bildungsforschung*, 10, 2004, S.342-343.

（15）新カント派教育学の実践家については、プロレタリア教育運動の先駆者であり自由大学運動を展開した土田杏村や、大正自由教育運動の担い手であった手塚岸衛およびその指導者である篠原助市らが知られている。

（16）大瀬甚太郎『欧米教育史』成美堂書店、一九〇六年、四八七～五〇八頁。

（17）大日本百科辞書編輯所編纂『教育大辞書』同文館、一九一八年、一八八～一九〇頁。

（18）吉田熊次「総序」、留岡清男「教育学」『世界教育名著叢書３』文教書院、一九二四年。

（19）大泉溥編纂『日本心理学者事典』クレス出版、二〇〇三年、七五四～七五七頁。

(20) 留岡清男、前掲書、三頁。
(21) 同前、四頁。
(22) 西田宏、前掲書、二頁。
(23) 坂部恵ほか編、前掲書、三九二～三九四頁。
(24) 西田宏、前掲書、一頁。
(25) Walther Schwarz, *Immanuel Kant als Pädagoge* (*Pädagogisches Magazin Heft 607*), Langensalza, 1915.
(26) 清水清『カント人間学・教育学』玉川大学出版部、一九五九年、四四〇頁。
(27) 同前。
(28) Werner Stark, a.a.O.
(29) 伊勢田耀子『教育学講義他』明治図書、一九七一年、二〇二頁。
(30) 勝田守一編『現代教育学入門』有斐閣、一九六六年、六頁。
(31) 同前、六～一二頁。
(32) ドイツの先行研究においても『人間学』は『教育学』を読み解く際の「豊かな鉱脈」と評価されている。Wolfgang Ritzel, a.a.O., S.37.
(33) ヴァイスコップフは最終的に『教育学』の思想的独創性に懐疑を示し、弟子の編集手腕を痛烈に批判した。Traugott Weisskopf, a.a.O., S.239-330.
(34) これらについては拙論「カントの乳幼児教育論―ドイツにおける『エミール』受容の一形態として―」日本乳幼児教育学会編『乳幼児教育学研究』第一四号、二〇〇五年十二月、一二一～一三一頁、および「一八世紀ドイツの大学における教育学講義の開設―ケーニヒスベルク大学に注目して―」大学史研究会編『大学史研究』第二二号、二〇〇七年三月、二～二三頁においてさらに詳細な検討を行っている。
(35) 加藤泰史「解説」『カント全集17』岩波書店、二〇〇一年、四一九～四三九頁。
(36) 平野正久「図書紹介」日本教育学会編『教育学研究』第六六巻第三号、一九九九年九月、三四〇～三四一頁。
(37) 加藤泰史、前掲書、一二七頁。
(38) 山口匡「カントにおける教育学の構想とその方法論的基礎―理論＝実践問題と『judiziös』な教育学―」『教育哲学研究』第七一号、一九九五年五月、七三～八六頁。

(39) 加藤泰史、前掲書、二一七頁。
(40) Jean Jacques Rousseau, Émile ou de l'éducation, *Oeuvres Complétes de Jean-Jacques-Rousseau*, Paris, 1969, p.251、ルソー（永杉喜輔ほか訳）『エミール（全訳）』玉川大学出版部、一九八二年、一九頁。
(41) この点については、寺崎弘昭「近代学校の歴史的特異性と〈教育〉」『講座学校1　学校とは何か』柏書房、一九九五年、一一二一～一二三頁を参照のこと。
(42) ルソー、前掲書、三一頁。
(43) 加藤泰史、前掲書、二三五頁。
(44) スウォッドリングについては、北本正章『子ども観の社会史―近代イギリスの共同体・家族・子ども』新曜社、一九九三年に詳しい。
(45) 坂部恵ほか編、前掲書、一〇〇頁および五二九頁。
(46) 加藤泰史「大学空間と批判的公共性の問題」『ドイツ文化・社会史研究⑥』ドイツ文化・社会史学会編、一九九九年、四六～六二頁。カントと公教育の問題については拙論「一八世紀ドイツ教育思想におけるカント『教育学』の位置づけ」日本カント協会編『日本カント研究7』理想社、二〇〇六年、一五三～一六八頁を参照のこと。

第二章　アメリカ産学官連携史研究の予備的考察
―WARF設立と日米交流に注目して―

五島　敦子

一　課題設定

本章の目的は、アメリカ産学官連携史研究(1)の予備的考察として、ウィスコンシン大学同窓会研究財団（Wisconsin Alumni Research Foundation：WARF）に関する先行研究の成果と課題を検討することにある。これは、WARF設立に尽力したラッセル（Harry L. Russell, 1866-1954）に注目し、日米交流の観点から、その設立経緯を探求する研究の基礎作業である。

WARFとは、発明の権利化とライセンシングによって、ウィスコンシン大学における科学研究の実用化を支援する民間の非営利財団である。一九二五年に設立された本財団は、「最古の技術移転機関」とされ、産学官連携を発展させたバイ・ドール法成立（一九八〇年）に寄与したことで知られる(2)。近年では、ヒトES細胞研究の成果を実用化するとともに、研究と教育とアウトリーチを結ぶ新たな産学官連携組織（Wisconsin Institutes for Discovery：WID）を構築する原動力となっている(3)。WARFを取り上げるのは、このように、絶えず革新を遂げ、アメリカの産学官連携を先導してきたからである。

アメリカの産学官連携は、一九九〇年代の経済繁栄の要因として高く評価され、日本が学ぶべきモデルとして盛んに研究されている[4]。しかし、従来の研究は、技術移転や知財マネジメントのノウハウが中心で、成立過程に対する歴史的関心は低く、宮田由紀夫の研究[5]を除いて、まとまった研究がない。したがって、公共財を用いて私的利益を得ることへの疑念、すなわち、大学が担うべき公共性が問われているにもかかわらず、そうした問題がいかにして生まれてきたのかは、十分に明らかにされていない[6]。これに対し、宮田は、「制度には経路依存性があり、現在に至る経路が異なれば、今後の進む道も異なる」[7]という考えから、アメリカとの比較によって日本型イノベーションのあり方を模索している。ただし、二次文献に依拠した概説が中心で、大学人たちが、いかなる思想や大学観をもって振興したのかという点は、十分に探求されていない。

実は、アメリカでも歴史研究の蓄積は浅く[8]、個々の組織の形成過程には不明な点がある。本研究が取り上げるWARFの場合も、アーカイブスのように記録を総括的に管理する体制をもっていないため、資料の多くが破棄され、当事者ですら細かに発展経緯をたどるのは困難であるという[9]。そこで、筆者は、二〇〇九年九月二〇日から二六日に、WARF本部とウィスコンシン大学アーカイブスで関連史料の調査を実施した。おもな調査対象は、WARF文書[10]、および、WARF設立に貢献した人物の記録をまとめた各文書である。その際、日米交流の観点から注目される史料として、『オリエンタル・トリップ・レポート（Oriental Trip Reports）』（以降、オリエンタル・レポートと記載）[11]と称する報告書を発見した。このレポートは、ウィスコンシン大学第二代農学部長で、WARFの初代専任所長となったラッセルが、一九二五年から一九二六年にかけてまとめたものである。それはちょうど、WARF設立をめぐって、大学内外で議論が紛糾していた時期であった。当時、ラッセルは、国際教育委員会（International Education Board : IEB）の派遣で、東アジアおよび太平洋地域（日本、中国、フィリピン、タイ、インドネシア、オーストラリア、ニュージーランドなど）の高等教育機関を約一年にわたって視察していた。オリエンタル・レポートは、視察の成果としてIEB本部に書き送ったもので、四二部の報告書と書簡で構成されている。そこでは、各国高等教育機関を比較しながらアメリカの大学のあり方が論じられているため、WARF設立を推進したラッセルの大学観を知る上で貴重な史料となる。なかでも、ラッセルが研究上の関心をもっていた高峰譲吉らの理化学研究所に言及している点で、日米の科学交流の影響がうかがえると期待される。しかしながら、管見の限り、従来の研究では、オリエンタル・レポートに関する言及はみられない。

そこで、本章では、日米交流の観点からWARFの設立経緯を探求する前提として、以下の手続きで先行研究を整理していく。まず、一九二〇年代アメリカで産学官連携組織が形成された背景を明らかにする。次に、WARF設立の経緯を概観したうえで、先行研究の成果と課題を検討する。最後に、その結果を踏まえて、オリエンタル・レポートを活用した今後の研究の展望をまとめる。

図1　1925年ラッセルの日本訪問（ウィスコンシン大学アーカイブス所蔵）

二　産学官連携組織形成の背景

アメリカの産学官連携は、地域経済発展への貢献を期待されて、一九世紀後半に州立大学で農学および工学が振興されたことに遡る(12)。科学的知識を農民に普及させて、生産性向上を図るための講習会は、ファーマーズ・インスティチュートと呼ばれ、ウィスコンシン州でも、主要産業である酪農を中心に、州政府による積極的な産業振興政策が展開された。その始まりは、ウィスコンシン大学農学部ヘンリー教授が、酪農協会主催のファーマーズ・インスティチュートで、酪農業の生産性向上のために乳牛の栄養改善についての講義をしたことであった。同大学は、一八八三年に農業試験場の開設が州議会に認可され、一八八五年に州政府からファーマーズ・インスティチュートを主催する権限と州補助金給付が認められた(13)。一九〇〇年代には、連邦農務省の支援を受けた農業拡張事業が全米に普及し、一九一四年のスミス・レバー法制定によって、協同拡張事業（Cooperative Extension Service）が制度化された。

こうした背景のもと、特許管理によって技術移転を促進する産学官連携が着手されたのは、一九一〇年代、とくに第一次大戦後である。電機および化学産業が進展したアメリカでは、企業が、自らの研究所を設立するとともに、大学教授にコンサルタントを依頼したり研究資金を供与したりして、研究開発をすすめていた。たとえば、マサチューセッツ工科大学はロックフェラー財団との関係のもとで応用研究を発達させ、カリフォルニア工科大学はロサンゼルスの実業界と密接な関係をもって基礎研究を中心に発展させた(14)。第一次大戦期における軍事協力も、大学の研究成果の有効性を広く認知させるのに役立った。けれども、大学側は、大学の研究成果は公共財として広く社会に普及させるべきであるという考えから、特定企業に資することや、研究成果を特許化することには慎重であった。たとえば、ジョンズ・ホプキンズ大学では、生理学講座の学科長候補だったロバートソンがテスリンの特許を取得したという理由で採用が見送られたという事例があった(15)。とはいえ、大学側も、企業との連携が進むにつれ、大学人の発明に対する所有権問題に対応せざるを得ない状況にあった。そのため、いくつかの大学では、大学自身が特許を管理するのではなく、学外に管理組織を設立して特許と資金を管理し、大学教授はその運営に携わらないという方法がとられた。たとえば、リサーチ・コーポレーション（Research Cooperation：RC）は、カリフォルニア大学バークレー校コットレル教授による静電気除塵装置の特許を管理するために、一九一二年に設立された非営利の第三者機関であった。コットレルは、当初、大学だけでなく、スミソニアン協会にも特許管理を依頼したが、拒否されたため、同協会の長官であったウォルコットが中心となって、ＲＣが設立されたのである。モウウィーらによれば、コットレルは、ＲＣが、研究に必要な資金を捻出するだけでなく、知的財産権を確立することで、軽はずみな商業化を防止すると同時に、コストのかかる研究に取り組むインセンティブになると考えたと指摘している(16)。

ただし、一九二〇～一九三〇年代において、特許管理による産学官連携への対応は、大学によって異なっていた。ハーバード大学、ペンシルバニア大学、シカゴ大学、ジョンズ・ホプキンズ大学では、医学分野の特許はなるべく取得しない、あるいは、取得しても無償でライセンスするという方針をとった。マサチューセッツ工科大学、コロンビア大学、プリンストン大学は、前述したＲＣと協定を結び、特許管理を委ねた。これらとは異なり、ウィスコンシン大学のＷＡＲＦを先駆として、パデュー大学、ミネソタ大学、コーネル大学では、法律的には学外組織であるが、大学と密接な関係をもつ研究財団が設立された(17)。このように、産学官連携のあり方は多様であったが、ＷＡＲＦは、大恐慌を乗り越え、その収益性が広く知られたことで、他大学に「競争の魅力的なモデルを提供した」とされる(18)。

三　WARFの設立とその解釈

(一) ウィスコンシン大学の課題

ウィスコンシン大学では、なぜ、他に先駆けて技術移転組織が設立されたのだろうか。その直接的な契機は、一九二四年に、スティーンボック教授が紫外線照射によるビタミンD濃縮技術を開発したことであった。それは、その頃に蔓延していた、くる病を予防する重要な発見であった。しかし、その特許の取得とライセンシングにいたる道程は平坦ではなかった。

一九一〇年代において、すでに同州では、農業拡張および革新主義改革の進展により、大学人が地域の生活課題の解決に貢献する活動は広く普及していた。一九〇一年に、革新主義政治家で知られるラフォレットが州知事に当選し、政治腐敗禁止法、累進所得税、銀行規制、天然資源保護、労働立法など数々の政治改革が行われた。改革の方法として、ヴァンハイス学長が率いる同大学の教授たちは、専門家として立法行政の各種委員会の顧問を務め、政策決定に参与した。さらに一九一一年以降には、マクガヴァン州知事のもとで、社会福祉、保健衛生、成人教育などの大学拡張事業が進展した。州政府と州立大学の密接な関係のもとに社会を改良しようとするこの考えは、「ウィスコンシン・アイディア（The Wisconsin Idea）」と呼ばれ、全米の注目を集めていたのである(19)。ところが、第一次大戦期を境に、それまで築かれていた大学と政府の友好な関係に、亀裂が生じていった。

第一次大戦は、科学技術力が勝敗を決したため、大学における応用研究の重要性が明らかとなった戦争であった。ヴァンハイス学長は、こうした情勢を見据えて、一九一六年に理事会から新たな研究予算を獲得し、大学院を拡充して研究の高度化に努めていた。大戦に際して、ドイツ移民が多数派であった同州では反戦感情が強かったため、最初はヴァンハイスらの大学人も戦争回避を支持していた。ところが、当時は連邦上院議員となっていたラフォレットが参戦に強固に反対したことで全米の批判を浴び、ウィスコンシン大学も戦争責任を果たしていないと連邦政府に非難された。そこで、同大学はラフォレットと決別し、戦時協力のために連邦政府に多数の人材を出向させた。ヴァンハイスもウィルソン大統領の相談役となり、一九一八年一一月の戦争終結直前には、新しい国際協調を推進する演説を行うまでにいたった。けれども、ヴァンハイスは、演説会の直後に受けた慢性鼻炎の手術後に流感を患い、同月、急逝した[20]。

同大学における研究とファンディングの歴史を探求したクロッタは、ヴァンハイスの突然の死が、その後に起こった大学の困難を深刻にさせたと指摘している[21]。一九二一年、ラフォレット派のブレイン州知事が政権に就いた。社会的公正を主張する州知事は、州立大学でありながら大学院ばかりを重点化するのは非民主的であるとして、コストのかかる研究計画を攻撃し、予算削減を求めた。しかし、ヴァンハイスの後を引き継いだバージ文理学部長は、政府との交渉で学長としてのリーダーシップを発揮できなかった[22]。さらに、大学は、一九一九〜一九二一年に到来した戦後不況に対応できず、主要な支持層であった農民から非難されていた。農学部長を務めていたラッセルは、戦時中に、生産性向上のために農民に銀行の融資を紹介して設備投資を勧めたが、戦後は、生産過剰のために農産物価格が暴落してしまい、農民には負債だけが残ったからである。戦時中に着手された北部農地開拓が、不毛な土壌と厳しい気候に阻まれて停滞したことも痛手であった[23]。優れた指導者と主要な支持者を失った大学は、戦時中以来のラフォレット派との対立が深まり、窮地に追い込まれたのである[24]。

研究資金の枯渇は、とりわけ応用科学にとって大問題であった。先述したように、一九二〇年代において、他大学では実業界や財団との関係を深めることで研究資金を得ていた。しかし、大資本の寡占を批判する革新主義政治の同州では、大学が民間から資金を受けるのは困難であった。顕著な出来事は、一九二五年に、ローヴェンハート教授の梅毒研究に対して、ロックフェラー財団が設立した一般教育委員会（General Education Board : GEB）から一万二五〇〇ドルの補助金を受ける話が持ち上がったときのことである。学内では適切な規定を設けて民間資金を受け入れるという意見が多数を占めたものの(25)、この問題は、大衆や新聞各紙を巻き込んだ大騒動となった。新聞は、財団の金は「汚れた金」とみて、大学と商業主義の結びつきを攻撃した。大学理事のなかでも意見が分かれ、一九二五年八月には、理事会での投票の結果、「大学は財団や企業からのあらゆる資金供与を拒絶する」という決議が採択された(26)。

(二) スティーンボックの特許とWARFの設立

スティーンボックの特許問題は、このような反独占主義の機運が高まっていた最中の出来事であった。彼が特許取得を望んだ理由について、ウィスコンシン大学のアップル教授は、スティーンボックが書いた文章をもとに、次の二点を指摘している(27)。第一は、特許を適正に行使することで、民衆の健康を守るという理由であった(28)。「節操のない食品・薬品業者に、本末転倒の弁護の余地のない主張に基づいて紫外線を照射されたあれこれの製品を売買する自由を与えたくなかった」(29)というように、特許をとれば、ライセンシーの活動を監督できるからである。第二の理由は、以下の文面からわかるように、ウィスコンシン州の酪農産業を守るためであった。

「広い人道的な観点から、われわれの食物を改善し、それゆえ、われわれの健康を改善するために用いられるどんなプロセスについても、どんな種類の制限も課せられるべきではない。しかし、これに関するもう一つの側面がある。つまり、そのような自由放任主義が産業の反映にもたらす影響である。それは、われわれの栄養上の福利に最も貢献してきた産業、すなわち酪農産業に対してである。酪農産業にとって、マーガリンの改善はバターの生産に関わるだけでなく酪農の経済的地位全体に関わる要因である。大学の研究に対する酪農の利益について、起こりうる反応という観点から考えれば、このことは、危険すぎて引き受けられない」。(30)

このように、スティーンボックは、同州の酪農産業を守るために、西部のマーガリン業者にビタミンＤの技術を渡すことはできないと考えていた。

スティーンボックは、大学に特許管理を依頼したけれども、先述した政治的事情から、大学理事会は、企業や財団との関係を深める特許管理には冷ややかであった。そこで、彼は、ラッセルと大学院研究科長のスリッターに相談し、特許を扱う学外組織の設立を提案した。両者はともに、スティーンボックの提案に賛同し、スリッターが、大学院の将来に関心をもつ同窓生の有力者たちに連絡をとり、ＷＡＲＦを設立するよう説得した。一九二五年四月に、評議委員会でＷＡＲＦ設立が提起され、同年五月、ラッセルとスリッターは研究成果の管理に関する計画を提出した。この計画は、六月に理事会に承認され、一一月にＷＡＲＦ設立が認可された(31)。

スティーンボックの最初の特許取得（一九二八年）以降、ＷＡＲＦが契約を管理し、紫外線照射製品の有効性をテストする実験所を建設した。ＷＡＲＦは、クウェーカー・オーツ社をはじめ、さまざまな食品・薬品会社と提携を結び、莫大な利益を得た。特許管理の業務が増えたため、一九三〇年にラッセルが専任所長に就任した。特許とライセンシングの問題は学内外で議論の的であり続けたが、大恐慌時には、他の大学が資金不足で疲弊するなか、ウィスコンシン大学はＷＡＲＦの豊富な研究資金によって研究環境を整えることができた。たとえば、不況が最悪の状況に至った一九三三～一九三五年に、ＷＡＲＦは、三一万七〇〇〇ドルの研究資金を大学に提供した。それは、スティーンボック特許で得た約一四〇万ドルの約二三％に相当した。ＷＡＲＦはそれ以前にも研究者にフェローシップを提供していたが、資金供与は二年間で四万五〇〇〇ドルを超えなかったことを考えると、この時期にＷＡＲＦが資金確保に果たした役割の大きさがうかがえる。こうして、大恐慌の間に、六一人の科学者がＷＡＲＦの資金で研究に専念することができたという(32)。たとえば、一九七二年にノーベル化学賞を受賞したスタンフォード・ムーアは、ヴァンダビルト大学卒業後、ＷＡＲＦの奨学金を得て一九三八年に博士号を取得した人物であった。彼が、「スティーンボック特許の基金がアメリカ中からマジソンへと学生を引き寄せていた時代に、私がＥ・Ｂ・フレッドの『ＷＡＲＦの少年たち（WARF's Boys）』の一人になったことは、とても幸運なことであった」と回顧しているように[33]、ＷＡＲＦの資金が研究の原動力となったことがうかがえる。

（三）ＷＡＲＦに関する先行研究とその解釈

ＷＡＲＦ設立にいたる先述の概略は、以下のようなＷＡＲＦの歴史的探求を主題とする先行研究、および、ウィスコンシン大学史等を通覧し、史料に照らし合わせてまとめたものである（刊行年順に記載）。

① Fred, E. B.（1960）. "The early days of the Wisconsin Alumni Research Foundation." WARF Files, University of Wisconsin Madison-Archives（以降、WARF Files, UW-Archivesと記載）

② Fred, E. B.（1962）. "The Wisconsin Alumni Research Foundation and fluid research funds at the University of Wisconsin." WARF Files, 0/5/1.

③ Fred, E. B.（1963）. "Wisconsin Alumni Research Foundation: certain aspects of its organization and its changing role." WARF Files, 0/5/1.

④ Culotta, C. A.（1968）. "Research and Funding at the University, 1914-1933." WARF Files, UW-Archives.

⑤ Cohen, E.B.（1971）. "The House That Vitamin D Built: The Wisconsin Alumni Research Foundation, Report Prepared for the Center for a Responsive University." WARF Files, UW-Archives.

⑥ Fred, E. B.（1973）. *The Role of the Wisconsin Alumni Research Foundation in the Support of Research at the University of Wisconsin.* Madison: Wisconsin Alumni Research Foundation.

⑦ Jordan, W. R. ed.（1976）. *WARF: Fifty Years.* Madison: Wisconsin Alumni Research Foundation.

⑧ Schoenfeld, C.（1986）. *The W.A.R.F. STORY, The Wisconsin Alumni Research Foundation: Sixty Years of Research and Realization, 1925-1985.* Madison: Tamarack Press.

⑨ Blumenthal, D., Epstein, S. and J. Maxwell（1986）. 〝Commercializing University Research: Lessons from the Experience of the Wisconsin Alumni Research Foundation.〟 *New England Journal of Medicine,* Vol. 314, Jun. 19, 1621-1626.

⑩ Weiner, C.（1986）. 〝Universities, Professors, and Patents: A continuing Controversy.〟 *Technology Review,* Feb. /Mar., 32-43.

⑪ Weiner, C.（1987）. 〝Patenting and Academic Research, Historical Case Studies.〟 *Science, Technology, & Human Values,* 12（1）, Winter, 50-62.

⑫ Apple, R. D.（1989）. 〝Patenting University Research, Harry Steenbock and the Wisconsin Alumni Research Foundation.〟 *ISIS,* 80, Sept., 375-394.

⑬ Apple, R. D.（1996）, *Vitamin D: Vitamins in American Culture.* New Brunswick: Rutgers University Press.

これらの研究は、大きく三つの傾向に分けられる。第一は、ＷＡＲＦの制度的発展を描写する研究である。フレッド（①一九六〇、②一九六二、③一九六三、⑥一九七三）は、一九一三年からウィスコンシン大学で細菌学を教え、一九三四年に大学院研究科長、一九四三年に農学部長、一九四五年から一九五八年まで学長を務めた科学者である。彼の学長在任中に、研究費は八倍に増え、二四の新しい建物が建築されたように、二〇世紀前半の同大学の成長を支えた人物の一人で、ＷＡＲＦの活動に深く関わっていた。彼は、スティーンボックの手紙、チャーター、理事会記録、ファンディングの資料など、他では知りえない史料に基づいて、発展経緯を記録している。ジョーダン（⑦

一九七六）とショーエンフェルド（⑧一九八六）の研究は、それぞれＷＡＲＦの五〇年史、六〇年史として書かれたものである。ジョーダン（⑦一九七六）の研究は、三〇頁弱の小冊子で、数多くの写真を掲載してＷＡＲＦ発展に貢献した特許や人物を掲載している。ショーエンフェルドは、同大学ジャーナリズムの教授であるが、自らも活動に携わってきたＷＡＲＦが歴史的に成功を収めてきた要因を探求している。ただし、執筆者自身が「権威ある学術的な歴史ではない」(34)と断っているように、史料に基づく研究ではなく、先行研究や新聞等を駆使して、ＷＡＲＦの驚異的成功を支えた努力をたどるものである。

第二は、ＷＡＲＦの収益性を批判的に考察し、大学の公益性とは何かを問う研究である。コーエン（⑤一九七一）は、ＷＡＲＦが特許によって複数の薬品会社と交渉して価格統制を行なった問題や、ネイティブ・アメリカンの居住する土地利用に関する疑惑、共和党政権との癒着、米軍の数学研究センター設置の経費支払いの問題などを取り上げ、ＷＡＲＦが非営利組織としての公共性を果たしておらず、倫理的に問題があると批判している。ワイナー（⑩一九八六、⑪一九八七）は、ＷＡＲＦが特定産業の利益に傾倒したとして訴訟の争点となった事例を分析し、商業主義が大学の社会的信頼を傷つけた対価は大きいと指摘している。ブラメンサール他（⑨一九八六）は、ＷＡＲＦの成功は発見の先行と経営の手腕が幸運にも結び付いたためであって、他大学が追従できる事例ではないと警告している。これらの研究が登場した一九七〇年代以降のアメリカは、経済が低迷し、連邦政府が大学の基礎研究を支えれば社会が発展するとする「線形モデル」から、技術移転による「プロパテント政策」への変容が迫られた時代であった。けれども、公共財を用いて私的利益を得ることへの反発や独占への懸念があり、ＷＡＲＦについても、技術移転組織としての歴史的経緯が再検討されたと推察される。

第三は、設立に関わった人物に焦点をあて、当該時代の社会的および政治的状況において、彼らが直面した葛藤を描きだす研究である。クロッタ（④一九六八）は、先述した同州独自の政治的対立のなかで、大学人たちが協力あるいは画策して、学問の自由を守りつつ研究資金を獲得してきた経緯を描いている。アップル（⑫一九八九、⑬一九九六）は、ＷＡＲＦが成長するなかで、利益相反[35]の問題に直面したスティーンボックの葛藤を取り上げ、公共の利益や社会の発展に貢献するために科学者はどうあるべきかを問うている。アップルの結論は、スティーンボックが、大学による特許管理によって、科学研究の誤用や営利企業の暴走を防ぎ、民衆の健康を守るという公益性を重視した点を強調している。

四　今後の課題―ラッセル『オリエンタル・トリップ・レポート』―

先行研究に関する以上の検討から、ＷＡＲＦに対する評価は分かれるものの、ＷＡＲＦの探求によって、大学の公共性をめぐる今日的課題が生起してきた過程が明らかになると考えられる。そのため、今後は、ＷＡＲＦに関わった人びとがいかなる大学観をもって設立と運営に尽力したのかを分析する必要がある。けれども、前掲の研究を含めて、これまでの研究では[36]、設立に携わった人物、とくに経営面に深く関わったラッセルについては、十分に探求されていない。

ラッセルの生涯は、ブレズレイの伝記的著作[37]によって明らかにされている。ラッセルは、一八八四年にウィスコンシン大学入学、一八八八年に同大学院に進学して細菌学を専攻した。その後、ジョンズ・ホプキンズ大学やシカゴ大学での研究員時代を経て、一八九三年にウィスコンシン大学農学部准教授となった。一九〇七年には第二代農学部長となって農業拡張事業に専心し、一九三〇年に退職した。同年に、ＷＡＲＦ初代専任所長に就任して一九三九年まで務め、一九五四年に八八歳で死亡した。

ブレズレイは、旅行好きだったラッセルが、研究員時代にヨーロッパ留学し、コッホや北里柴三郎に出会って影響を受けたことを指摘しているが、一九二五～一九二六年の東アジアおよび太平洋地域の視察旅行については、ほとんど言及していない。しかし、農学部長時代のこの訪問は、たとえば帰国後にオーストラリアの大学の森林学部にならって農学部改革を提案する(38)など、彼の学部運営方針に影響を与えたと考えられる。この視察旅行の期間に書かれたオリエンタル・レポートは、全四二部のうち、以下の一一部(39)が日本を主題とすることを考えると、とくに日本への関心の強さがうかがえる。

① Japanese Plan for Fellowships for Students in Foreign Countries and Possibility of Correlating Japanese Plan with IEB Plan.
② Request of President Sato of Hokkaido Imperial University for Additional Traveling Fellowships to Aid in Developing a New College of Science.
③ Prospective Candidates for IEB Traveling Fellowships.
④ Japanese 〝Hakase〟 in Comparison with American 〝Ph.D.〟 Requirements.
⑤ Synoptical Table of Proposed Fellowships in Japan and Supplementary Report Completing List of Prospective Candidates for IEB Fellowships in Japan.
⑥ Application of Professor Sakuhei Fujiwhara of Tokyo Meteorological Observatory for Traveling Professorship.
⑦ Forestry in Japan.
⑧ Fisheries in Japan.
⑨ Science in Japan.

⑩　Agriculture in Japan.
⑪　Marine Biological Laboratories (Japan).

ラッセルは、ビタミン研究で著名であった鈴木梅太郎や高橋克巳[40]に関心をもち、スティーンボックに報告書を送っていたように[41]、日本のビタミン研究の先進性に注目していた。WARF設立をめぐってラッセルと学部長代理のモリソンらが書簡で議論を戦わせた際には、日本の産業発展を脅威とみて、研究成果の特許化を促す文言がみられる[42]。ここから、国際的な競争のなかで、ラッセルが、自国の研究の発展のために、日本をはじめとする他国の状況を参考にしていたと推察される。それゆえ、オリエンタル・レポートを詳細に分析し、その意味を考察することは、日米の科学交流の観点からWARF設立の契機を読み解く手がかりとなるであろう。具体的には、今後の課題として、次の二点の作業が必要である。

第一は、ラッセルの日本訪問の足跡を示す史料を発掘し、彼の大学観の形成に与えた人物および出来事を明らかにすることである。オリエンタル・レポートに添付されている書簡によれば、ラッセルは、一九二五年九月一二日にシアトルを出港して日本に向かい、九月末から一一月末まで日本に滞在したようである。東京、札幌、下関など各地を巡り、研究所や高等教育機関を訪問したと思われるが、その足跡は詳らかでない。今後は日本国内を中心に史料の発掘を行う必要がある。

第二は、オリエンタル・レポートの分析を通じて、ラッセルが日本の高等教育機関をどのように理解したのか、また、それがウィスコンシン大学のその後にいかなる影響を与えたのかを明らかにすることである。彼のレポートを通覧すると、その関心の広さに驚かされる。彼がIEBから与えられた任務の一つは、IEBのフェローシップを供与する人物を選定することであった。けれども、レポートでは、選定のための情報だけでなく、日米における博士学位の資格要件といった教育制度の比較分析に加えて、日本の経済、政治、文化を射程にいれた幅広い視点から、科学と高等教育の関係を論じている。今後は、こうしたレポートの内容と日本の状況を照らし合わせ、彼が日本的特質として把握した点を明らかにすることが求められる。

教育文化交流史研究では、これまで、欧米諸国の教育制度や教育思想を日本が受容してきた事情と経緯に焦点をあてた研究が蓄積されてきた。一方、中国や韓国などのアジア諸国では、日本の教育制度が各国の近代化に与えた影響が注目されてきた。これに対し、本研究において、戦前日本の高等教育制度が欧米の視点からどのようにとらえられ、何が学ばれたのかを明らかにすることは、先進国と後発国という関係を超えて、複眼的に教育文化交流のあり方を理解する手立てとなると思われる。

注

(1) 本研究は、平成二一年度科学研究費補助金基盤研究（C）「アメリカにおける産学官連携組織の形成過程と教育的機能」（課題番号二一五三〇八六三）の一環である。

(2) 宮田由紀夫『プロパテント政策と大学』世界思想社、二〇〇七年、七四〜七八頁。

(3) 五島敦子「アメリカにおける産学官連携と生涯学習― Wisconsin Institutes for Discovery を事例として」『南山短期大学紀要』第三六号、二〇〇八年を参照。

(4) 長平彰夫・西尾好司編著『競争力強化に向けた産学官連携マネジメント』中央経済社、二〇〇六年、馬場靖憲・後藤晃編『産学連携の実証研究』東京大学出版会、二〇〇七年、玉井克哉・宮田由紀夫編著『日本の産学連携』玉川大学出版部、二〇〇七年など多数。

(5) 宮田由紀夫『アメリカの産学連携―日本は何を学ぶべきか』、東洋経済新報社、二〇〇二年、『プロパテント政策と大学』前掲、『アメリカにおける大学の地域貢献―産学連携の事例研究』中央経済社、二〇〇九年。

(6) 玉井・宮田『日本の産学連携』一六三〜一七〇頁。

(7) 宮田『プロパテント政策と大学』、二〇七頁。

(8) 歴史研究が本格化したのは一九七〇年代で、たとえば、以下の研究がある。Rosenberg, N., *Perspectives on Technology* (Cambridge: Cambridge University Press, 1976)；Mowery, D. C. and N. Rosenberg, *Technology and the Pursuit of Economic Growth* (Cambridge: Cambridge University Press, 1989).

(9) WARFでは、歴史および史料保存に関して以下の方々にインタビューのご協力をいただいた。ケリー氏（Janet Kelly, Communication Director）、スキャドロック氏（Cheryl B. Scadolock, Information Specialist）、ブレマー氏（Howard W. Bremer, Emeritus Patent Counsel）。

(10) Wisconsin Alumni Research Foundation, Wisconsin Alumni Research Foundation records, 1908-1976 (2.3 cubic feet, 7 archives boxes), UW-Archives.

(11) Russell, H. L., Photographs and Papers, Oriental Trip Reports, 1-42 (University of Wisconsin College of Agriculture, Administration, Office of the Dean and Director General Files, Series No.9/1/1/22-2, Box 6).

(12) 宮田『アメリカの産学連携』、九三頁。

(13) 五島敦子『アメリカの大学開放—ウィスコンシン大学拡張部の生成と展開』、学術出版会、二〇〇八年、四二〜四三頁。

(14) 一九一九年〜一九三六年までに、企業によって一一五〇か所の研究所が設立された。Rosenbloom, R. S. and J. Spencer, *Research at the End of an Era* (Boston: Harvard Business School Press, 1996), pp.35-37; 宮田『アメリカの産学連携』、九四〜九五頁。

(15) テスリンは人間の成長促進にかかわる物質。デレック・ボック著、宮田由紀夫訳『商業化する大学』玉川大学出版部、二〇〇四年、一三七頁。

(16) Mowery, D. C., Nelson, R.R. Sampan, B.N. and A.A. Ziedonis, *Ivory Tower and Industrial Innovations: University-Industry*

Technology Transfer Before and After the Bay-Dole Act（Stanford: Stanford University Press, 2004）, pp.59-60.

（17）Mowery, et al. *Ivory Tower and Industrial Innovations*, pp.40-41; 宮田『プロパテント政策と大学』、七三頁。

（18）Ibid., p.40.

（19）五島『アメリカの大学開放』、六七頁。

（20）同前、九四頁。

（21）Culotta, 〝Research and Funding at the University,〟 p.8.

（22）Ibid., p.10. 学長就任時、すでに七〇歳となっていたバージには、ヴァンハイスのような斬新な改革のアイディアも政治力もなかったという。

（23）Breadsley, *Edward H., Harry L. Russell and Agricultural Science in Wisconsin*（Madison: University of Wisconsin Press, 1969）, p.133.

（24）バージが学長を務めた一九二〇～一九二五年において、学生数は千人以上増えたが、州からの実質的な運営費の増額はなかった。Curti, M. and V. Carstensen, *The University of Wisconsin, 1848-1925, II*（Madison: University of Wisconsin Press, 1949）, p.213.

（25）経済学教授のジョン・コモンズも、ウィスコンシン大学の研究は、ウィスコンシン州の境界を越えるので、州民の税金ですべてを賄うのは不適切と論じたという。Culotta, 〝Research and Funding at the University,〟 p.19.

（26）この決議は、グラディ理事の提起であったことから、〝Grady Resolution〟といわれる。一九三〇年まで保持された。Cronon, E.D. and J.W. Jenkins, *The University of Wisconsin, A History, 1925-1945, Politics, Depression, and War*（Madison: University of Wisconsin Press, 1994）, pp.124-127.

（27）Apple, 〝Patenting University Research,〟 pp.377-378.

（28）Ibid., pp.378-379. スティーンボックは、自分の上司であるバブコック教授が発明した試験薬は、特許をとらなかったために誤用されたことを念頭においていたという。

(29) Steenbock, H., "The Relations of the Writer to the Wisconsin Alumni Research Foundation and the Events which led to Its Organization," (WARF General Files, A-F, 3/1/Box 1, UW-Archives (Jan.2, 1926), p.10.

(30) Ibid., p.11.

(31) Fred, "The Wisconsin Alumni Research Foundation and fluid research funds at the University of Wisconsin," pp.11-12.

(32) Breadsley, *Harry L. Russell*, pp.165-167.

(33) Jordan, *WARF: Fifty Years*, p.23.

(34) Schoenfeld, *The W.A.R.F. STORY*, p.v.

(35) 利益相反とは、大学や教員が外部から得る私的な利益と大学で果たすべき責務が相反する状態である。

(36) Mowery D.C. and B.N. Sampat, "University patents and Patent Policy Debates in the USA, 1925-1980," *Industrial and Corporate Change*, 10 (3), Aug. 2001, pp.781-814; George, G., "Learning to be capable: patenting and licensing at the Wisconsin Alumni Research Foundation, 1925-2002," *Industrial and Corporate Change*, 14 (1), Sept. 2005, pp.119-151.

(37) Breadsley, Harry L. Russell.

(38) "UW Scientist Russell Dies," *Milwaukee Journal*, April 12, 1954.

(39) Russell, Oriental Trip Reports, 1-11.

(40) 丸山瑛一監修・理化学研究所知的財産戦略センター編『理化学研究所の挑戦―産学技術移転の新モデル「バトンゾーン」』日刊工業新聞社、二〇〇九年、一三一頁、一四〇～一四二頁。

(41) スティーンボックがラッセルに宛てた手紙から、ラッセルが日本のビタミン研究の進展を報告していたことがわかる。A letter from Steenbock, H. to Russell, L.H., Dec.17, 1925 (WARF General Files, 3/1/Box 1).

(42) A letter from Russell, H.L. to Morrison, F.B., Jan.16, 1926 (WARF General Files, 3/1/Box 1).

第二部　西洋と日本の教育文化交流

第三章　名古屋藩洋学校お雇いフランス人教師P・J・ムリエ

加藤　詔士

一　異彩を放つお雇い教師

明治のはじめ、名古屋藩学校ならびに名古屋県学校という学校があった。名古屋藩が「万国ト対峙スルニハ須ク海外ノ学ヲ修メ、広ク諸邦ノ政体・兵備・法律・商業その他百般ノ学芸ニ通暁スルノ要務」という趣意から、一八七〇（明治三）年六月に設けた「洋学校」を起源とする[1]。翌年七月一四日の廃藩置県後は名古屋県（明治五年四月には愛知県と改称）がこれを引き継いだ。

同校では、仏学教師として林正十郎、辻輔、稲富秀らを、また英学教師として横瀬文彦、加藤勝英らを招いて仏学および英学を教授していたが、なおも西洋文明の摂取につとめるため、外国人教師を招いて直接教えを請うことになった[2]。仏学教師に招かれたのがJ・P・ムリエ（Pierre Joseph Mourier）であった。英学教師にはA・イングリス（Alexander Inglis）が雇われた。

各地の藩のなかには、日本開国後「いちはやく洋学に着目し、維新前後にかけてフランス語などを教える藩も現れるようになった」。名古屋藩のほかにも、小諸藩、静岡藩、三日月藩、峯山藩、福山藩、松江藩、府中（厳原）藩、福岡藩などが、「邦人やフランス人を教師とし、翻刻本などを教材にフランス語を教えた」[3]。

そのなか、ムリエはお雇い教師のなかでもとくに異彩を放つ存在であった。その一は、フランスのモンペリエ大学医学部という名門校に学んだ医学博士であり、しかも日本語をよく解し日本文化に通じていた。

その二は、一八六四（元治一）年八月三日の来日から一八八〇（明治一三）年四月一四日の離日[4]まで、一時帰国をはさんで、滞日期間は一五年ほどにもおよんだ。この間、名古屋藩のお雇い教師としてだけでなく、文部省および司法省にも雇い入れられた。お雇い外国人の基本台帳ともいうべき「お雇い外国人名鑑」によれば、一八七一（明治四）年八月一日から一八八〇（明治一三）年四月九日まで、名古屋藩（名古屋県）の洋学校、文部省の東京外国語学校、司法省の明法寮に雇い入れられ、仏語学教師、法律顧問、通訳・訳官を職務としている[5]。

その三に、ムリエは単なるお雇い教師にとどまらず、多彩な活動をして各地にいくつかの足跡を残していることが注目される。なかでも、横浜における気象観測、日本の養蚕技術の研究とフランス語への翻訳紹介、日本書籍の収集、フランス語学習テキストの編集といった、日仏交流の推進活動が興味深い[6]。

本章では、主に名古屋の洋学校時代のムリエをとりあげ、その人物像を考察する。

二　モンペリエ大学医学部出身

(一)　ムリエの出生証明書

ムリエは、フランスのドローム県トリニァンの出身である。南仏プロヴァンス地方のすぐ北、人口千人あまりの町であった。町を取りかこむようにして川が流れ、川岸にはプラタナス並木が続いている。防御用の門扉と多数の塔を備えた城壁の一部が保存されていることで知られている[7]。

ドローム県のアーカイヴズにある記録によれば、父ピエール・ムリエは、一七九〇年九月一〇日シューズラルスの生まれである。商人であったが、どんな商売をしていたのか分かっていない。一八一七年三月一九日には、ロザリィ・アルマンディとトリニァンで結婚式をあげた。彼女は一七九八年にトリニァンで生まれ、同地の宿屋の娘であった。ピエールとロザリィには三人の子どもがあった。二人は娘、もう一人が息子のピエール・ジョウゼフである。このピエール・ジョウゼフという名前は、父方の祖父（ピエール・ムリエ）と母方の祖父（ジョウゼフ・アルマンディ）にちなんでつけられたのだった。ピエール・ジョウゼフ・ムリエが生まれたのは一八二七年五月六日のことである[8]。日本では将軍家斉の時代である。二年前には外国船打払令が出されている。

ムリエ出生時の証書には、次のような記載がみられる。『ピエール・ジョウゼフ・ムリエの出生証明書抜粋』からの試訳である。

一八二七年五月六日、ドローム県トリニァン村身分担当官たる本官アントワーヌ・ジェルボーの前に、当村に居住する年齢三六歳の商人ピエール・ジョウゼフ・ムリエ氏が出頭のうえ、申請者とその妻ローズ・アルマーンドとのあいだに、本日午前九時に誕生した男児を本官に示し、ピエール・ジョウゼフと名付けると申請した。上の申請および提示は、本村に居住する成人の農耕民パンパン・ルイおよびレイモン・マルシェ立ち会いのもとに行われ、申請者と本官（立ち会い人は除く）とが署名をし、申請者らにたいし、当証明書を読みあげたのち、たしかに彼らが本官に申請をなした旨を知らせた。[9]

(二) モンペリエ大学医学博士号の取得

ムリエはモンペリエ大学に学び、一八五〇年には医学博士号を取得した。一一八二年に創立されたフランスの名門大学である。同大学の関係文書のなかには、具体的な修学記録が残されている。たとえば、学籍簿[10]では

学籍簿二一四番
ジョウゼフ・ピエール・ムリエ
一八二七年五月六日生
ドローム県トリニァンに誕生

とあり、また入学記録は次のようにある。

学部の学生
左記試験を受けて許可される
一八四四年八月二九日
文科大学入学資格
一八四六年九月一〇日
理科大学入学資格

入学後の単位取得についても、一八四六年九月三〇日、一八四九年八月一六日、一八五〇年七月一二日、一八五〇年七月三〇日、一八五〇年八月一二日について記録が残されている。単位を履修のうえ、一八五〇年には『充血試論』と題する博士論文[11]をまとめ学位を申請すると、「ゴルファン、デュマール両教授、および教授資格を有するブ

ルデル、キサック両氏を審査員とする博士論文口述審査を受け」、同年八月二四日には医学博士学位の授与が認められている。

博士学位に合格したことは、次のように記録されている(12)、

医学博士の
学位を取得するに相応しいことを証する。
一八五〇年八月二四日
B・ゴルファン　キサック
エストール　ブルデル

学位を取得した二年後の一八五二年九月九日には、ヴァランス（ドローム県の県庁所在地）で同地のオーギュティス・ジョゼフィヌ・サラベルと結婚した。結婚公告が同年八月二〇日にトリニアンでなされている。両名が第三者と結婚していないかどうかを知るために、未来の夫婦の出生地の町役場で、この公告をするのが義務になっていたのである(13)。

一八五四年から五七年まで妻の郷里ヴァランスで医者を開業していたが、やがてパリに出た。そのパリ時代に、日本語を学んだことが注目される。一八六三年に東洋語学校で始められたL・ロニー（Léon de Rosny, 一八三七〜一九一四）の日本語講座を受講したのである。そのうえで、フランス文部省にあて、一八六四年四月一日付で日本派遣を申請したのだった。日本の医学・農業・工業・養蚕業を調査研究するというのである。これは受けいれられて、五月一〇日付で派遣許可がおりてきた。文部省からは「日本資料を採集して本国に送る」ことが課されていた(14)。

三　横浜居留地における開業医

(一) 妻子とともに来日

ムリエの来日は、一八六四（元治一）年八月三日（新暦）。上海経由で、横浜に来着している。英国のペニンシュラー・アンド・オリエンタル汽船会社（Peninsular and Oriental Steam Navigation Co.）の蒸気船カディス（Cadiz）号、八〇〇トンでやってきた[15]。すでに五年前の一八五九（安政六）年から神奈川（横浜）・長崎・箱館の三港が開かれ、貿易が始まっていた。

ムリエは単身でなく、妻および二人の娘を同行していた。かれらはひとまず横浜居留地に落ち着いた。「フランス文部省派遣であるが、自己負担であった」[16]というから、確かな雇用主はなかったのであろう。

日本の風土になじめなかったのか、ほどなく妻は病にかかり日本を去ることになる。来日した翌年の一八六五（元治二）年の九月一二日に、二人の子どもを伴って帰途についている。乗船したのはフランス郵船会社（Messageries Maritimes）の汽船デュプレックス（Dupleix）号（一九〇〇排水トン）であり、生糸一一八梱、蚕種六八七ケース、それに雑貨・美術品三六梱も積みこまれていた[17]。

日本を離れるにあたり、ムリエ夫人は家財等の処分を託していた。地元紙『ジャパン・ヘラルド』（一八六五年九月三〇日）には、次のような競売案内が掲載されている[18]。

ブアン・ガルトン商会は
ムリエ夫人

から指図を受け
来週の水曜日
一八六五年一〇月四日
午前一〇時定刻に
八九番地四号の
ムリエ博士宅にて
高価な物件をすべて
競売に付します
物件は、応接間、
食堂、寝室の見事な家具、
ピアノ、オルガン、グラスなど
さらに、
保証付きの見事な版画一枚、
多数の精選絵画あり
内覧日時は一〇月三日、火曜日、
午前一〇時から午後四時まで

妻子が去ったあと、同年一二月二一日、ムリエ自身もデュプレックス号にて横浜を離れて母国に向かった(19)。これは妻が「船中で病没」したことによるものであるらしい(20)。訃報を知って、一時帰国したのである。

翌一八六六（慶応二）年の六月、ムリエは横浜に戻ってきた(21)。再来日してからも、ムリエは横浜居留地に留まっている。まだどこからも雇い入れの口がかからず、居留地以外の地に日本人と雑居することは許されなかったからである[22]。

(二) 宇都宮三郎の診療

横浜居留地において、ムリエは開業医をしていた。商工人名録『一八六七年中国ディレクトリ』あるいは『一八六九年中国・日本・フィリピン・クロニクル・ディレクトリ』には、その記録が認められる。とくに後者には、

ドクター・ムリエ、横浜居留地一七一番にて開業医

と明記されている[23]。当時の『ディレクトリ』にはムリエなる者はほかに見当たらないので、彼こそがP・J・ムリエと思われる。居留地一七一番は、現在の神奈川県庁分庁舎あたりに相当する。

横浜居留地における開業医ムリエの評判は広く聞こえていたようで、旧尾張藩士の宇都宮三郎（一八三四〜一九〇二）が診療を請うている。それも、横浜に居を移していた蘭方医佐藤泰然（一八〇四〜一八七二）の推薦でやってきた。

宇都宮三郎は、名古屋藩士神谷半右衛門義重の三男。一八六一（文久一）年から蕃書調所に勤め、明治維新後は工部省に出仕した蘭学者であり化学技術者であった。「舎密」の語に代わる「化学」という名称を定着させたほか、「大砲合金、セメント、耐火煉瓦の製造や陶窯業改良など近代殖産工業に尽力した」人物として知られる[24]。

維新前、徳川幕府の蕃書調所（開成所）だけでなく講武所などにも雇われ、大砲、火薬、銃などの製造を指導していたなか、一八六六（慶応二）年一〇月には、第二次長州征伐の幕府軍に従軍した。砲術ならびに兵制の知見を生かして、紀州徳川家の軍制の改革あるいは尾張藩の装備の洋式化などに尽力している[25]。しかし、広島で腰を病み、や

むなく江戸に戻った。「腰抜け」状態に陥りなかなか治らない。西洋医の治療を希望し、佐藤泰然の紹介で横浜在住のムリエのところに出向いて診療を受けたものである。

宇都宮三郎は、後年このときのことを回想し左記のように語っている。

それから早速駕籠で横浜に往ッて佐藤氏に遇ッて仏蘭西人モリーと云ふ医師が宜いと云ふことでモリーの処に佐藤が自分を連れて往ッた此時始めて西洋流の診察を受けた……殆ど半日余費して診察し是れは生きます死にませぬと言ッた……(26)

この「腰抜け」状態になった際、「三郎は病床において死を覚悟して、医学の進歩のために自分の遺体が解剖されることを希望し、大学東校（現在の東京大学医学部）宛に『解剖願』を提出している」(27)。その『解剖願』のなかでも、ムリエ（文中ではモリー氏）の診療を受けたことについて、次のように記されている。宇都宮鑛之進とは三郎の通称である。

私儀、……乍未熟旧幕府之撰挙を以、元開成所化学教授方出役被申付、尚又引続修業罷在候処、野州辺之擾乱中国筋之事件等にて軍伍に随ひ、所々奔走仕候際雨湿風寒に被侵身痛水腫一時に相発し殆危篤に至り候に付、横浜表へ立帰仏国医師モリー氏之療治を受け一旦生命相延候へ共、其後病症種々転変仕、尚又モリー氏並和蘭ガラタマ氏等にも追々診察処方を請候へ共、中々快復之候少も無之病体次第に差重く空く死を待候のみ之事にて……

明治元辰十一月

元開成所教授方出役
宇都宮鑛之進(28)

ムリエはこの診療を機に、これ以後、蘭学医の中心・桂川甫周（一八二六〜一八八一）宅において宇都宮三郎と交流を深めている。今泉源吉『蘭学の家桂川の人々　最終篇』には、次のような記録がみえる。

林正十郎横浜より一寸中帰り秋水兄に遇ひ候閑暇無之伝言如左
此頃屡モルリーに遇申候、モルリー《ママ》曰宇氏の病気不容易大病に付跡の養生極大事なり(29)

ムリエが宇都宮三郎を診療したことは大きな意味をもつ。ムリエにあたらしい道が開かれることになるからである。それまではどこからも雇い入れの口がかからなかったが、元尾張藩士のこの宇都宮三郎を診療したことから、宇都宮の斡旋で名古屋藩に雇い入れられることになったのである。ただし、医学の教師ではなく仏語学の教師としての赴任であった。

四　名古屋藩お雇い教師

(一) ムリエ雇入条約書

ムリエが名古屋藩に雇い入れられるにつき、一八七一（明治四）年四月一日付で、フランス領事と名古屋藩大参事志水忠平（一八五〇～一九〇四）および丹羽賢（一八四六～一八七八）、権少参事水野忠雄との間で条約（契約）が結ばれた。その第一条に、「同君ヲ宇都宮義綱君ノ周旋ニテ明治四年朔日ヨリ同六年七月晦日迄二ヶ年之間名古屋学校教師ニ雇候事」(30)と規定されている。宇都宮三郎（義綱）の「周旋」で、招聘されることになったのである。

雇入条約書(31)は、雇用期間、住宅・食料、給料、雇止、雇継、商売の禁止、授業と休暇、赴任・帰途旅費など全一一条から成っている。具体的には、雇用期間は一八七一年八月一日から一八七三（明治六）年七月末日までの二年間。俸給は年四千両（円）であり、これを月割りにして月末に支払う。加えて、横浜・名古屋間の赴任および帰路旅費として、それぞれ二〇〇円が給される。

日本式家屋一軒を用意するが、家財・食料などは支給しない。名古屋藩庁の都合で、定約期限前に解雇するとなったら契約期間分の俸給を払うが、ムリエの方から暇を請うたとき、または彼に不行跡や懶惰《らんだ》があった場合は雇いを即刻中止し、それ以後の俸給は支払わない。

学校で教授する時間は一日六時間とする。日曜日と木曜日、それに年に二か月間の休暇を与える。授業時間外あるいは休暇中に、私的に生徒たちを教えてもかまわないが、日本の商人と引きあい商売筋に関係することは厳禁する、などというものであった。

同条約第二条には「家財食料等ハ政庁ニテ一切関係無之候」とあるが、実際には食料費二〇〇円が支給されたし、『太政類典』によれば、彼が満期雇い止めになったのは一八七三（明治六）年九月二一日のことであった(32)。

ムリエは旧尾張藩士宇都宮三郎（義綱）の斡旋による縁故ある外国人であったけれども、その契約内容は私的な生活の規制にまで及ぶなどかなり厳格なものである。明治政府が外務省達として一八七〇（明治三）年二月（日欠）に布告した「外国人雇入方心得」などに基づいて作成されたのであろう(33)。

同雇用契約はかなり厳格なものであるけれども、これは実に破格の待遇であった。ムリエの同僚の英学教師横瀬文彦は別格であったが、それでも月給は一〇〇円である(34)。それなのにムリエは年額四〇〇〇円、月給にすれば約三三〇円であったのである。このころ、各省の大輔・少輔（今の次官）クラスが月給三〇〇円から四〇〇円である。名古屋の物価指数でいえば、一八七一（明治四）年一一月中旬、一円で米二斗九升（四三・五キロ）が買えた(35)というから、ムリエの高給ぶりがわかる。

（二）雇入免状の発給

名古屋藩庁は、契約書が取りかわされると、これを添えて外務省へ出願し、その検査を経て雇入免状を同省から受けとった(36)。

まず一八七一（明治四）年四月、名古屋藩はムリエの雇入れを弁官に伺いでると、弁官は同月一五日次のように外務省に照会した。

名古屋藩ヨリ別紙ノ通伺出候間御省ニオイテ得ト御取調ノ上見込御申越可有之尤右条約書面中宇津宮義綱御用ニ付明後十七日上坂致シ候由右以前ニ御聞届相成度情実申出候間不御即答有之度操ニモ御懸合申入候也　四年四月十五日別紙伺書欠

外務省は即日弁官あてに回答した。左記のような文面である。

名古屋藩ヨリ別紙ノ通伺出候間当省ニオイテ取調ノ上見込可申進旨尤右条約書面中宇津宮義綱御用ニ付明後十七日上坂致シ候由右以前ニ御聞届相成度情実申出候間否即答可申進旨致承知候右条約書一覧候処別ニ差支モ無之唯雇入ニ相成モリー年齢書記無之ニ付下礼致シ就テハ御聞届ノ上如例同藩ヨリ条約横文並訳文添当省ヘ申出候様御沙汰相成度此段及即答候也　四年四月十五日

これを受けて、弁官は四月二〇日に外務省へ申し入れると(37)、同省は七月に免状を交付した。

仏国
モリー《ママ》

同人儀名古屋藩ヘ二ケ年ノ間学術教授ニ雇入度旨願ノ通御聞届相成候間為御心得此段申入候也　四年四月二十日

外務省が交付した雇入免状は別掲のとおりである。発給日は一八七一（明治四）年七月、発給番号は一二〇番であった[38]。ムリエ四二歳とも書きこまれている。

雇入免状の交付を受けると、ムリエはいよいよ名古屋に着任した。一八七一年九月下旬と推定される。地元の見聞録、たとえば細野要斎『葎の滴見聞雑箚』には同年八月の「十日仏人ムリエイ同着　七間町信濃屋ニ宿」とあり、山田千疇『椋園時事録』には八月一三日「仏人昨日夕来ルヨシ風説」とあるからである[39]。八月一〇日あるいは八月一二日は、新暦（陽暦）の九月二四日もしくは二六日にあたる。

なお、ムリエが宿泊した信濃屋は、洋学校近くの富沢町（今の中区錦三丁目）にあった。第四代信濃屋忠右エ門（一八二三～一八九七）が一八六五（慶応一）年に開いたもので、彼は長崎で蘭学を修め通詞の免許を所持していたので、「尾張藩から、『外人宿泊許可』の鑑札を与えられ」ており、来泊する外国人も少なくなかった[40]。

名古屋県雇　仏国人
学校教師　ムリエ　未四十二年
給料　壱ケ年金四千両
雇入期限　明治四年辛未八月朔日ヨリ　同六年癸酉七月晦日マテ
雇入場所　横浜

第百廿号

外務省

右雇中ハ己下例文
明治四年辛未七月　外務省

P. J. ムリエの雇入免状

（三）名古屋藩洋学校の仏学教師

ムリエが招かれた名古屋藩の洋学校は、名古屋城のすぐ南、七間町片端角にあった。現在、名古屋丸の内三郵便局のあるあたりである。

校地の西北隅には、外国人教師のための住宅が一棟あった。手すりがついた白亜の木造二階建てであり、多少エキゾチックであった。人びとはこれを異人館と呼んでいた。

その西側、仮病院との間に広い空き地があり、ここに桧材の柵を構えて名古屋最初の屠牛場が設けられた。神戸、横浜など外国人居住者が多くいて牛肉の需要のあるところでは、すでに屠牛場が開かれていたが、外国人教師を迎えていよいよ名古屋でも設けられたのである。屠牛場を開設する際、ムリエに意見が求められた。地元紙（明治五年一月）は、

方法ハ仏人ムーリエノ口訣ニ拠テ丈モ精巧ナリ

と報じている[41]。

洋学校では、仏学ならびに英学のそれぞれについて、普通と専門の二科がおかれていた。ただし、教育の内容については、その詳細は明らかでない。

旧士族のほかに平民の子弟にも開放され、生徒数は仏学・英学あわせて約一六〇〇名にのぼったというから、ずいぶん盛んであった。このうち約六〇名が寄宿生であった[42]。生徒のなかには、のちに名をなす人材が含まれていた。坪内逍遥（一八五九〜一九三五）、八代六郎（一八六〇〜一九三〇）、加藤高明（一八六〇〜一九二六）、二葉亭四迷（一八六四〜一九〇九）らの面々である。

このうち、ロシア文学者二葉亭四迷は実はムリエの教え子であった。「藩に学有り英仏両語を教授す、予又之に入

りて仏語を修めり」と、自伝にある。一八七一（明治四）年八月二日から翌年九月二九日まで在学し、「教師林正十郎ニ就キ変則仏学単語篇文典ヲ学フ」。あわせて「仏人ムウリエー《ママ》ニ就キ正則仏学綴字書并習字ヲ学フ」。ただし、何分にも二葉亭四迷の八歳のときである。「余は常に学校におもむくを楽しみとせしか学問するか面白ろきにはあらて学校にて衆童と遊戯嬉笑するか面白ろきゆえなりき」と述懐している(43)。

明治・大正期の内務官僚大森鐘一（一八五六～一九二七）も、ムリエに学んだ一人である。静岡学問所でお雇いアメリカ人教師E・W・クラーク（Edward Warren Clark, 一八四九～一九〇七）から仏語学、理化学などを学んでいたが、「仏人の教授を受くるを得ざるを遺憾」とし、静岡藩から藩費留学を命ぜられ、ムリエについて教えを受けたものである。しかし、「本校創立日浅くして学科低く、僅に語学発音の事あるに過ぎず。」ということで、半年ほどでやめてしまった(44)。ムリエはフランス語教育に従事したが、教育を組織化するまでに至らなかった。洋学校としての体裁がまだ整わなかったようである。

彼らを教えるにのぞみ、ムリエは教材不足を嘆き、これを補充することに腐心していた。県当局に対し、「会話教導書五十部、能氏学書十部、地理書七部」が教育上必要である、至急本国へ注文したいので代価二一二円を手当てしてほしい旨、願い出た。県はしばらく見合わすようにといっても、ムリエはなかなか承服せず、「生徒書籍ニ於ル猶人類ノ食料ニ於ルカ如ク一日無ルヘカラス書籍無ンハ学校ヲ立ル能ハサル」と申し立てるので、愛知県権令井関盛艮は文部卿大木喬任へ「右代価至急大蔵省ヨリ別段相渡候様御取計」をと願い出たが、許可されなかった。「官費ヲ以買入候儀暫時見合置可申事」という指令が、一八七二（明治五）年九月一八日に発せられた(45)。

ムリエは仏学生徒への公費教育をという願い出もしたが、これも認められなかった。洋学校は「漢学英学生徒之内優等之者二十名宛公費ヲ以賄支度」することが行われてきたが、これを「仏学生徒エモ前同様賄被下度」とムリエは申し出た。一八七二（明治五）年三月七日、名古屋県は文部省に対して願出を送ったが、「書面賄支度ハ断然廃止可致候事」との指令を受けた[46]。

(四) 仏蘭西学賞典式

赴任一年目が終わる一八七二(明治五)年の五月二〇日、仏学の成績優秀者を称える賞典式が開かれた。井関盛艮権令のほか、名古屋県の参事および学校掛が出席し、校内の教場で行われた。この日は、学外者にも縦覧を許すという掲示が門扉に張りだされた。

井関権令が「当中学ハ人才ヲ教育セン為ニ設置レ《ママ》シニ各勉励勤学進歩不少上朝廷ノ御主意ニ適ヒ下各自ノ栄ヲ保ツニ足ル予輩悦ビ之ニ過ギズ依テ賞典式ヲ行フ爾後倍学業建久往々棟梁ノ才タランコトヲ冀望ス」と祝辞を述べたのに続いて、ムリエは

本日生徒勉励致シ候ニ付賞典式ヲ盛ンニ行ハセラル丶ニ及ブハ畢竟日本政府政道美ナルト本県官員学校掛官員都テ世話行届キタルニ因ル予ニ於テモ喜悦ノ事ニ候此段厚ク謝ス

と応え、しかも生徒一同に向かって、

能ク勤学シ予ガ教授ニ堪タル故今日ノ盛式ニ逢フ予ニ於テモ甚ダ悦ブ

と祝意を表した。ついで「平素格別勉強進歩之効抜群」の最優等生である立木頼三に、賞品として洋書一冊を自ら授与した。諺歌図入りで、当時二五円したという。

ほかの優等生一八名にも、賞典が授与された。その際、井関権令は「本日褒賞ノ撰ニ不当者各固有ノ才智ナキニ非ズ全ク勉励ノ浅深ニアリ爾後尚奮発勤学セラレンコトヲ希望ス」と言いそえている。

賞典式が開かれた夜、校地内にあるムリエ宅で祝賀パーティが開かれた。県の参事・学校掛・官員、褒賞を受けた生徒たち、それにムリエの同僚でお雇い英学教師A・イングリスら総勢三〇余名が集った。ここでも、ムリエは祝辞を述べている。

客歳当県ノ聘ニ応ゼラレシヨリ日月淬励生徒ヲ教育イタサレ生徒共漸次ニ進歩其功効ヲ奏スルコト啻ニ一県ノ幸ノミニアラズ我国ノ至大幸実ニ欣抃ノ至ナリ本日賞典ヲ施行シ生徒ヲ誘奨スルコト是地球上最モ重ンズル所ノ人才ヲ陶鋳スルノ基礎ニシテ感荷ニ堪ズ加之本夕盛宴ヲ開テ我輩ヲシテ亦一層ノ快フ取シムルコト歓喜何ゾ極ラン因テ千秋万歳ヲ称シ以テ祝辞ヲ進ム

饗宴は翌朝二時まで続いた(47)。

（五）日本文化への通暁

ムリエは英学教師A・イングリスとともに、名古屋藩（のちに名古屋県）最初のお雇い教師であった。なかでもムリエは日本語によく通じ、日本趣味の人であった。それだけに、彼のふるまいはたちまち話題になった。

第一は、来名してすぐの一八七一（明治四）年八月一四日、堀川沿いにあった料亭大吉楼に登ったときの出来事が話題になった。総勢一〇名の芸妓からもてなしを受けたが、「和語ニ通スルノミナラス和ノ俗事顛末ノコト迄能了解」したと伝えられるムリエのことである。芸妓の一人に名を尋ね、彼女が「シズ」と答え「静」の字なりというと、「芸妓の《ママ》静ナルハ宜カラズ改名スベシ」と勧めてみた。「柳《りゅう》」という芸妓がいれば、「柳トハ幽霊ニても出さふなる名也改名すべし」とこれまた勧めた。こういう調子で、芸妓は皆それぞれ名を改めさせられた。改名の祝杯が繰りかえされると、そのたびにムリエは盃をいろりの火めがけて投げつけた。母国フランスでは、賀酒を酌し終えたら盃をうち砕くのが礼であるというのである。

宴たけなわとなり、芸妓の一人が胡弓をひきだしたとき、ムリエはそれに感じいって涙をこぼした。「田子の浦ニ打出て見れハ白妙の」の新古今和歌集の歌の意味が、この頃やっと分かるようになったと言うものだから、一堂驚きいった。意気投合した芸妓には新銀一両を与えることもあったというから、この夜、ムリエはそうとう愉悦を満喫したようである(48)。

第二に、一八七一（明治四）年の一一月（新暦では一八七二年一月）になり、名古屋で最初の新聞『名古屋新聞』（文明社）が刊行されると、創刊号から、彼の動静をさっそく報じている(49)。

御雇教師仏人ムーリエ喜テ和語ヲ修ム頃日当県貫属皇学家植松茂岳エ執贄シ古今和歌集ノ講説ヲ受クト

地元の見聞録『椋園時事録』にも、当代の珍事として書き留められている(50)。

当名古屋ニ珍事アル仏人皇学ヲ知ラントテ植松師へ入門シタル由皇学ヲシタヒテノコトカ皇学ヲコ、ロ見ントテノコトカトマレカクマレ珍事ナリ　霜月六日聞

ムリエは植松茂岳（一七九四～一八七六）に就いて、古今和歌集を学びはじめたというのである。それも単発の受講でなく、講義は翌年の末まで続いた。

その茂岳に、ムリエは鴨、鳩、それに大枚五両を贈って謝意を表した。一八七一（明治四）年の一一月一六日には鴨一羽、二四日には鳩二羽、同年一二月二七日、翌一八七二（明治五）年の七月一九日そして一一月二二日には金五両を、それぞれ贈ったという記録がある(51)。盆暮れの付け届けの慣習にならったものであろう。

ただし、茂岳といえば尾張一七代藩主徳川慶勝（一八二四～一八八三）に進講し、一六代藩主徳川義宣（一八三八

～一八七五）の侍講に挙げられた人物である。藩校明倫堂の和学教授でもあった。尊王報国の志がとくに篤かった茂岳であるだけに、異人ムリエに門を開いたとはいうものの、旧尾張藩主の命に従ったまでのことであろう。ムリエを自宅に招きいれることはけっしてなかった。茂岳の方からムリエ宅へ出向いて教えた(52)。

第三に、一八七二（明治五）年一月の『名古屋新聞』になると、

本県御雇教師仏人ムリエー氏元旦ニ髭鬚ヲ剃タリ或人其意ヲ問シニ莞爾トシテ吾今年ヨリ日本人ニナリタリト對ヘタリ

と、報じられている(53)。『椋園時事録』第四一巻にも、これと類似の記述がある(54)。

旧冬来名古屋異人館外片端久屋町西角元奥田武家屋敷居住之仏人此節マテ高袴割羽織着用大小サシマタ髭ソリ一説ニハ元日ニ上下着用年賀ヲウケ候由

当時、割羽織とは身分ある人の常服で、外見をかざるフランス人は丸羽織でなくてこれを着たものであろう(55)。日本趣味のムリエの面目躍如たるものがある。

第四に、ムリエがよく日本語を理解することは、すこぶる妙に思われた。『愛知新聞』は、第一五号（明治五年六月）でそのことに触れている。

教師ムリエハ能ク日本語ヲ解シ辞藻頗ル妙ナリ曾テ本県皇学家植松茂岳ニ贄ヲ委シ日本紀古事記ヲ講究シテ其原奥ヲ極ム既ニ日本文典ノ著アリテ仏語ヲ日本語ニ対訳ス第一号上刻近ニアリ

というのである(56)。この記事はたいへん興味深い。ムリエには日本文典および「仏語を日本語に対訳」した著述があるというのである。

このうち、「日本文典ノ著」についてはムリエ作と確定できる著書は今のところ不明であるが、「仏語ヲ日本語ニ対訳」した著作というのは、武理恵（今村有隣訳）『仏語入門』（明治七）[57]と考えられる。武理恵とはムリエの和名である。東京外国語学校のお雇い教師時代の一八七四（明治七）年一〇月に上梓された。訳者の今村有隣（一八四五〜一九二四）は同校の同僚であった。この今村が同書とほぼ同じ内容と構成をもつ『仏語啓蒙』を編集し、それが三版を数えた[58]ことで、ムリエの『仏語入門』は黎明期のフランス語学習史上の一書であったということができる。

日本文化によく親しんだムリエのことである。他日、芸妓たちに佳名を進呈しようと、紙に大きく「黄菊」「白菊」と書いたとも伝えられているが、それもありうることであろう。この芸妓改名のさいの応答は、「壁ヲ隔テヽ聴ケバ恰モ水道ノ水ニ新浴シタル東京ノ真風味ヲ認得タリ」風情であったという[59]から、ムリエの日本語通は相当のものであったと思われる。

なお、ムリエが着任した当時の洋学校は名古屋藩立であったが、廃藩置県後は名古屋県に引き継がれ、ついで一八七二（明治五）年四月二日には名古屋県は愛知県と改称されている。

注

（1）愛知県教育委員会編『愛知県教育史』第三巻、愛知県教育委員会、一九七三、六一―六二頁。
（2）同右、二九―三一頁。
（3）宮永孝『日本洋学史―葡・羅・蘭・英・独・仏・露語の受容』三修社、二〇〇四、三五六頁。
（4）来日については、*The Japan Herald* (6 Aug. 1864) p.337. p.339；離日については、*The Japan Gazette* (14 April 1880) p.2; *The Japan Daily Herald* (14 April 1880) p.2; *The Japan Weekly Mail* (17 April 1880) p.512ほか。
（5）ユネスコ東アジア文化研究センター編『資料御雇外国人』小学館、一九七五、四三七―四三八頁。
（6）拙稿「名古屋藩お雇いフランス人教師P・J・ムリエ―日仏交流の推進―」（中部教育学会第五八回大会報告資料、二〇〇九年六月）

五―一五頁。拙稿「司法省お雇いフランス人教師」『書斎の窓』四五三（一九九六年四月）五九―六八頁、四五四（一九九六年五月）五五―六三頁。拙稿「お雇い仏人教師ムリエによる日本養蚕技術の紹介」（上）（下）『日本古書通信』第六〇巻第七号（一九九五年七月）一三―一四頁、第六〇巻第八号（一九九五年八月）二八―二九頁参照。本章は、これらの拙稿と重複するところがある。

（7）*Les Guides Blues sous la Direction de Francis Ambrière, Dauphiné*, Librairie Hachette, Paris, 1964, p.445, その他。

（8）ドローム県アーカイブズ（Direction des Services d'Archives, Départment de la Drome, France）所蔵文書より。

（9）'Extrait de L'acte de Naissance de Pierre Joseph Mourrier'（Centre de Documentation Universitaire, Direction des Services d'Archives, Départment de la Drome, France, 蔵）。

（10）'Registres Concernant la Scolarité de Pierre Joseph Mourier à la Faculté de la Médicine de Montpellier'（Bibliotheque Interuniversitaire Section Medecine, Montpellier 蔵）。

（11）Mourier, P. J., *Essai Sur Les Fluxions: Thèse*, Montpellier, I. Tournel, Snr, 1850, 47p.

（12）前掲の注（10）に同じ。

（13）ヴァランス市立図書館（Bibliothèque Municipale, Valenciennes, France）所蔵文書より。

（14）ドベルグ美那子「P・ムリエの日本地図手写本―フランス語訳『官板実測日本地図』―」、有坂隆道編『日本洋学史の研究』Ⅷ、創元社、一九八七、三七頁。同「ムリエ蔵書目録と初期フランス日本学」、有坂隆道編『日本洋学史の研究』Ⅹ、創元社、一九九一、二五九頁。

（15）*The Japan Herald* (6 Aug. 1864) p.337, p.339.

（16）ドベルグ美那子「ムリエ蔵書目録と初期フランス日本学」前出、二五八頁。

（17）*The Japan Times' Daily Advertiser* (13 Sept. 1865) p.1; *The Japan Times* (15 Sept. 1865) p.1. デュプレックス号は、フランス郵船が一八六五年九月に上海・横浜間に開設した定期航路の第一便として同月七日に横浜入港をはたし、一二日に出港した（澤護『お雇いフランス人の研究』敬愛大学経済文化研究所、平成三、四〇一―四〇二頁）。

（18）*The Japan Herald* (30 Sept. 1865) p.729.

（19）*The Japan Herald* (23 Dec. 1865) p.775, p.777.

（20）ドベルグ美那子「P・ムリエの日本地図手写本―フランス語訳『官板実測日本地図』―」前出、三八頁。

（21）ドベルグ美那子「ムリエ蔵書目録と初期フランス日本学」前出、二五九頁、二八三頁より再引。

(22) 同年一一月一七日、ムリエはフランス横浜郵便局からパリの医師（A. Piberet）あてに手紙を差し出した。同月二六日の横浜大火で郵便局が焼失する直前の郵便物である。松本純一『横浜にあったフランスの郵便局』（原書房、一九九四、三六頁）には、その書状の上書き（カバー）が掲載されていて、興味深い。ムリエは「J. P. Mourier YOKO-HAMA」というスタンプを用いている。

(23) *The China Directory for 1867*, Hongkong, 1867, p.44: *The Chronicle & Directory for China, Japan, & the Philippines, for the Year 1869*, Hongkong, 1869, p.104.

(24) 富田仁編『事典　近代日本の先駆者』日外アソシエーツ、一九九五、一二一頁。

(25) 豊田市郷土資料館編『舎密から化学技術へ—近代技術を拓いた男・宇都宮三郎—』豊田市教育委員会、平成一三、四七頁。

(26) 「仏人モリー氏の診察」、交詢社編『宇都宮氏経歴談』汲古会、昭和七、増補、一二八頁。

(27) 豊田市郷土資料館編『舎密から化学技術へ—近代技術を拓いた男・宇都宮三郎—』前出、四七頁。

(28) 『明治元年ヨリ同十四年ニ至解剖記事』、豊田市郷土資料館編『舎密から化学技術へ—近代技術を拓いた男・宇都宮三郎—』同右、五四頁より再引。

(29) 宇都宮三郎（秋水）から林正十郎への伝言（慶応三年五月末頃）。文中の「宇氏」とは宇都宮三郎のこと。今泉源吉『蘭学の家桂川の人々　最終篇』篠崎書林、一九六九、四五〇頁より再引。

　渡辺淳一『白き旅立ち』（新潮社、一九七五、一五三頁。新潮文庫、一九七九、一七五頁）でも「江戸へ戻った鉱之進は、すぐ、佐藤泰然のところへ行き、彼の紹介で横浜にいる仏人医師モリー《ママ》の診察を受けた。」という一節がある。

(30) 山田千疇『椋園時事録』巻四〇、明治四、四八丁、五二丁所収。愛知県教育委員会編『愛知県教育史』第三巻（前出、六三頁）にも一部掲出されている。

(31) 同右。

(32) 明治六年一二月五日「文部省雇愛知県出張仏人ムリエ満期雇止」『太政類典』第二編、自明治四年八月至同一〇年一二月、第七一巻、外国交際一四、外客雇入八。

(33) 梅渓昇『お雇い外国人①概説』鹿島研究所出版会、昭和四三、一〇三—一〇七頁。

(34) 愛知県教育委員会編『愛知県教育史』第三巻、前出、六五—六六頁。

(35) 鯱光百年史編集委員会編『鯱光百年史』愛知一中（旭丘高校）創立百年祭実行委員会、昭和五一、五頁ほか。

(36) 明治四年四月「名古屋藩仏国人モリー《ママ》ヲ雇用ス」『太政類典』第一編、自慶応三年至明治四年七月、第五十七巻、外国交際外人雇入。

(37) 同右：『公文録　名古屋藩之部』全　自己巳六月至辛未七月、所収。
(38) 『外国人雇入鑑』第二巻、自明治五年一月至同年九月、所収。
(39) 細野要斎『葎の滴見聞雑劄』廿五、明治四、五〇丁：山田千疇『椋園時事録』巻四〇、明治四、九三―九四丁。
(40) 白木信平『シナ忠の百年』シナ忠、一九七〇、三―五頁。
なお、司法省の法律顧問ならびに明法寮（のちの法学校）法律学教師G・H・ブスケ（Georges Hilaire Bousquet, 1846-1937）が明治六年八月、東京から大阪までの紀行中に立ちよった名古屋の宿泊先について、つぎのように記述している（Bousquet, G., *Le Japon de nos jours et les échelles de l'Extreme Orient : ouvrage contenant trois cartes*, t.1, Librairie Hachette, Paris, 1877, p.179. 野田良之・久野桂一郎訳『ブスケ日本見聞記、フランス人の見た明治初年の日本』一、みすず書房、一九七七、二〇一頁）。

　ここの市長は我々を礼儀正しく迎え、万事我々の希望に添うように振舞い、一つの日本のホテルを我々に最良のものだといって示した。その門にはヨーロッパ文字でHôtel du Progrès（進歩ホテル）と書かれているのを見て我々は少なからず驚いた。今までに名古屋にきたヨーロッパ人は唯の一人だけであった。それは一人のフランス人教師で、この家に逗留した後にこの名を残していったのである。そこにはテーブル、数個の椅子およびほぼ整った一組の食器類があるところをみると、この名もほぼ正当といってよいであろう。

文中の「Hôtel du Progrès（進歩ホテル）」はこの信濃屋であり、フランス人教師とはムリエと考えられる。ただし、同ホテル（正確には「支那忠（ホテル・ズ・プログレス）」）が開業したのは一八八七（明治二〇）年。信濃屋と隣接して開業された（白木信平『シナ忠の百年』前出、一二頁）。
(41) 『名古屋新聞』第三号（明治五年一月）四丁。
(42) 愛知県教育委員会編『愛知県教育史』第三巻、前出、六一頁。
(43) 二葉亭四迷『二葉亭四迷全集』第五巻（筑摩書房、一九八六）五〇頁。同、第七巻（筑摩書房、一九九一）五一六頁。
(44) 池田宏編『大森鐘一』池田宏、一九三〇、三八頁。
(45) 愛知県『愛知県史料一　政治部　学校草稿』明治九年一一月（国立公文書館蔵）。
(46) 同右。
(47) 「本県仏蘭西学賞典式」『愛知新聞』第一五号付録（明治五年六月）五―七丁。
(48) 細野要斎『葎の滴見聞雑劄』廿五、明治四、五一丁。

(49)『名古屋新聞』第一号（明治四年一一月）五丁。
(50)山田千疇『椋園時事録』巻四〇、明治四、一五四丁。
(51)植松茂『扣帳』、植松茂編『植松茂岳』第三部、植松茂、昭和六三、四一三頁所収。
(52)植松茂編『植松茂岳』第三部、同右、四一三頁。
(53)『名古屋新聞』第四号（明治五年一月）一丁。
(54)山田千疇『椋園時事録』巻四一、明治五、一三丁。
(55)福沢諭吉『西洋衣食住』出版社不明、慶応三（慶応義塾福澤研究センター・慶応義塾中等部、一九九四）四丁。
(56)『愛知新聞』第一五号付録（明治五年六月）前出、七丁。
(57)武理恵（今村有隣訳）『仏語入門』東京外国語学校、明治七年一〇月。
(58)今村有隣『仏語啓蒙（読法）』今村有隣、明治一五年一〇月初版（国立国会図書館蔵）、明治一八年一二月改訂第二版、明治二九年九月改訂増補第三版。
(59)『愛知新聞』第一五号付録（明治五年六月）前出、七丁。

第四章　ヘレン・パーカーストの名古屋講演
―ドルトン・プランをめぐる日米教育文化交流史の視点から―

足立　淳

一　はじめに

一九二〇年代のはじめ、日本にドルトン・プラン（Dalton Laboratory Plan）と呼ばれる教育方法が紹介された。創始者であるアメリカの教育家・パーカースト（Helen Parkhurst）によれば、それは「自由」と「協同」を原理として掲げ、子どもの主体的で協同的な学習を保障し「学校全体を一つの共同体（community）として機能させることのできる簡単で経済的な一つの方法を提案する」ことを目的とするものであった(1)。この教育法は、一九二四（大正一三）年にパーカースト自身が来日したこともあって熱狂的流行をまき起こし、それまでの画一的な公教育に対する鋭い批判を含んで展開された大正新教育における「一つの潮流」(2)として多くの学校で実践にうつされた。

来日中、パーカーストは全国を講演してまわり、各地で熱烈な歓迎を受けるとともに多数の教育関係者と交流した。また、ドルトン・プランへの関心の高まりは教育界だけにとどまらず、種々の新聞や雑誌においてもその動向が活発に報じられたのである。すなわち、ドルトン・プランの受容とパーカーストの来日は、日米間の教育文化交流史における特筆すべき事件の一つであったといえよう。しかしながら、従来の研究においては先進的な諸学校におけるドルトン・プラン実践の推移[3]や、主要な教育関係者たちによるドルトン・プランをめぐる論争の内実[4]などに分析の力点が置かれてきたために、パーカースト来日中の彼女の言動や日本の人びととの交流の様子についてはいまだ詳細に明らかにされてきたとは言いがたい状況にある[5]。そこで本章では、一九二四（大正一三）年五月九日に開催された名古屋での講演会を手がかりとして、教育文化交流史の視点からパーカースト来日の歴史的意義を考察してみたい。具体的な課題は次のとおりである。

まず、パーカーストの名古屋講演が実現した経緯について述べる。次に、名古屋における有力紙であった『名古屋新聞』と『新愛知』の二紙をとりあげ、当時パーカーストやドルトン・プランについていかなる報道がなされていたのかを検討する。また、愛知県教育会の機関誌『愛知教育』の分析を通して、パーカーストの来日が地域の教育界にどのように受けとめられたのかを明らかにする。さらに、パーカースト来名当日の動向を追いながら、彼女と、名古屋市と愛知県の教育関係者たちとの交流の様子について見る。最後に、以上の諸点を踏まえ、一九二四（大正一三）年におけるパーカースト来日の歴史的意義について若干の考察を試みたい。

二　パーカースト来名の経緯

パーカーストの来日企画は、私立成城小学校の赤井米吉の発案によるものだった。成城小学校は一九一七（大正六）年に教育界の重鎮・沢柳政太郎によって創設された実験学校である。同校は沢柳の指導のもとで独自のカリキュラム改革に取り組み、当時大正新教育の中心的存在となっていた。また、赤井は一九二三（大正一二）年にパーカーストの著作を『ダルトン案児童大学の教育』（集成社、原題は〝Education on the Dalton Plan〟）として翻訳刊行した成城小学校の訓導であり、日本におけるドルトン・プランの中心的研究者として風靡した教育家でもある。パーカースト招聘の企画は沢柳の仲介により実現し、パーカーストとその随行者は一九二四（大正一三）年四月二日に横浜港へ到着、成城小学校での講演を皮切りとして、仙台、富山、高岡、金沢、福井、京都、奈良、大阪、神戸、岡山、松山、福岡、熊本、鹿児島、壱岐、山口と全国各地をまわり、五月九日には名古屋を訪れて愛知県会議事堂でドルトン・プランについての講演を行った。その後、彼女は再び東京に戻り、五月一七日に離日している(6)。各地での講演には多数の聴衆が集まり、パーカーストは行く先ざきで熱狂的な歓迎を受けた。名古屋でのパーカースト講演会も大盛況となり、前掲した『新愛知』紙は、翌一〇日の記事でその様子を「折柄の雨晴に一人の欠席者もなく一千二百数十名の聴衆は開会前から犇々と詰かけ」たと、写真とともに報じた(7)。その写真には、立錐の余地もないほど会場を埋めつくした大聴衆に向かって、講壇上から語りかけるパーカーストの姿が写っている。

このように大成功のうちに終わったパーカースト講演会であったが、これを中心となって誘致し実現させたのは愛知県と名古屋市の教育会、および名古屋市教育課の人びとであった。このことを示すものとして、パーカースト来名に先だつ三月二六日、『新愛知』には次のような記事が掲載されている。

> 現今世界教育界の思潮を風靡しつつあるダルトン、プランの創始者パークハースト女史が今回東京成城小学校長沢柳政太郎博士の招聘により来月三日頃横浜に入港来朝すべき事は既に本紙所報の通りであるが同女史の来朝を機として愛知県、名古屋市両教育会主催で名古屋市に於て同女史のダルトン式教育に関する講演を乞ふべく先般来交渉中であつたところ愈々五月二日名古屋市で講演承諾の旨沢柳博士から電報があつた〔。〕然し当日は金曜日で聴講者に不便であるから三日の土曜若くは四日の日曜に変更して貰ふやう、目下上京中の小泉名古屋市教育課長を介して運動中である(8)。

先述したとおり、実際にパーカーストが日本に到着したのは四月二日、名古屋での講演会は五月九日となった。ともあれ、この記事からは、愛知県教育会と名古屋市教育会の共催で講演会が企画されたこと、当時名古屋市教育課長で市視学を兼務していた小泉秀之助(9)が講演日程について折衝にあたっていたことが窺える。小泉の他にパーカースト来名の実現に中心的役割を果たしたのは、愛知県教育会主事・東海林茂(10)や、同会委員・深見久七(11)（名古屋市立工芸学校長）らをはじめとする、県と市の教育会の委員たちであった。彼らの努力の甲斐もあって、名古屋におけるパーカースト講演会は大きな反響を呼ぶこととなったのである。この講演会当日の動向については本章の最後で論じることにしたい。

三　地域における報道

大きな関心をもって迎えられたパーカーストの講演会は、多数の聴講者が集まる一大イベントとなった。こうした関心の高まりを醸成するのに大きな役割を果たしたとみられるのが地域の新聞や教育会である。そこで以下では、名古屋における有力紙である『名古屋新聞』と『新愛知』の二紙、さらには愛知県教育会機関誌『愛知教育』をとりあげ、パーカーストやドルトン・プランに関する報道の内実をみておく。

（一）『名古屋新聞』の場合

『名古屋新聞』は、大阪朝日新聞名古屋支局記者の小山松寿が『中京新聞』を買収、改題して一九〇六（明治三九）年に発刊した新聞で、当時民政党寄りの論調を展開してデモクラシー運動の先陣をきった地元の有力紙の一つであった。

　同紙は、パーカーストの横浜到着の様子を、その翌日の四月三日に「来朝した〔パーカースト〕女史は如何にも肉体美に富んだ身体をデッキの上に運ばせ多くの出迎への人々と談笑しラッコ黒の外套に同じ色のボンネットを戴いて居る姿は女史の気稟を高めて見たる」と報じた(12)。同じ記事には、「私は成章《ママ》中学校長沢柳〔政太郎〕博士の需めに応じて来ましたが重《ママ》に私の教育法宣伝に参りました」とのパーカーストのコメントも掲載されている。

　その後、『名古屋新聞』紙上では四月五日から六日、八日、九日の四回にわたって「パークハウスト女史のダルトン・プラン紹介」と題された連載記事が組まれた。最初の記事では、この連載の主旨について「エレン・ケイ女史やモンテッソリー女史の教育説は比較的広く知られてゐるやうであるが、ダルトン案は世に発表されてからはまだ間もない事とて、あまり一般には知られてゐないから、こゝにその大要を記して、パークハウスト女史の講演を聞く人々の予備知識に資したいと思ふ」と述べ、パーカーストの経歴やドルトン・プランが創始された経緯について説明している(13)。

　続いて、第二回では「ダルトン、実験室案」の「「実験室」なる名称に女史独特の教育精神が存する」としてその名称の由来について論じ、「ダルトン・プランを一言にして説明すれば、児童の自由を尊重し、旧教育を打破し教室を改革し、学級制の不備を廃し、時間割の束縛より解放して、児童の有する天分を最も自由に最も大きく伸長せしめんとする教育である」と解説している(14)。また、第三回では、パーカーストの学校が通称「児童大学」と呼ばれるのは、教室を「教具や参考書を充満」させた「実験室」とし、「あたかも大学生が学問を研究するが如き態度」で学習を進めるからであると述べ、「ダルトン、プランは個性尊重と社会的教育との両者を完全に解決し去つたものといへやう」と高く評価する(15)。そして最終回では、ドルトン・プランにおける三つの「根本原理」として「自由」「協同」「個性の尊重」を挙げ、それぞれの意味について解説を加えている(16)。

以上、同紙上に掲載された紹介記事は、当時教育界において活発になされていたドルトン・プラン研究の要点をおさえつつ、一般市民に向けてわかりやすく解説することを目指したものといえよう。

（二）『新愛知』の場合

次に、もう一つの有力紙『新愛知』を見ておこう。同紙は自由党の政治家・大島宇吉が一八八八（明治二一）年に名古屋で創刊した新聞で、パーカースト来日当時にはデモクラシー運動を担う一翼として『名古屋新聞』と激しい論戦をくりひろげていた。また、反骨のジャーナリストとして名高い主筆の桐生悠々（本名は正次）による評論でもよく知られる。

『新愛知』が、名古屋市教育課長・小泉秀之助がパーカースト来名の交渉にあたっていると報じていたことはすでに見た。その他にも同紙は、『名古屋新聞』と同様に四月二日のパーカーストの横浜到着の模様を伝えたり(17)、また、名古屋におけるパーカースト講演会の日程やその変更について知らせたり(18)、名古屋市内のドルトン・プラン実践校であった東田尋常小学校の公開授業の様子を報じたりもしている(19)。なかでも、四月五日に掲載された「パーカスト女史と新公民の創始者ウ井ルソン・ギル氏」は『名古屋新聞』とは異なる視点からドルトン・プランを紹介しているので特筆しておきたい。

この記事では、「一切の教育は児童を主とし、従って児童のインシエテイブ〔incentive〕にうつたへてこれを教育し、併せてこれを訓練しなければならない」とする立場から、「この意味に於て、ダルトン、プランはギル氏の「新公民」即ち私だちが、平生機会ある毎に、学校立憲国制を主張し、児童の自治的精神を訓練し、そこにデモクラシーの永久的基礎を置かんとしてゐるものと、同一である」と主張している(20)。ギル（Wilson Lindsley Gill）は当時ニューヨークで学校改造に取り組んでいた人物であり、彼の著作は一九二〇（大正九）年、悠々によって『普通選挙の準備』（日本図書出版、原題は〝A New Citizenship〟）として翻訳刊行されていた。これは「生徒に彼等の権利義務を定義した一憲章を与へ」、学校を「学校立憲国」へと改造することによって、立憲体制を担う自覚的な国民を育成し「永久的なるデモクラシーを確立せんが為」の具体的方策を示すことを目的とするものであった(21)。このように、『新愛知』におけるドルトン・プラン報道は、普通選挙制の実現と立憲体制を担う国民の育成という同紙自身の論調にひきつけて「児童のインシエテイブに重きを置くダルトン、プランの創始者パーカースト女史を招聘して、国民そのものを教育せん」とする教育界の動向を歓迎しつつ、「根本的に、次代国民を立憲的に教育し、訓練しなければ、政界の刷新は実現しない」と主張する点に特色があった(22)。

以上、名古屋の二大有力紙であった『名古屋新聞』と『新愛知』をとりあげ、いかなる報道がなされていたのかを概観した。これまで述べてきたことから明らかなように、両紙においては、パーカーストの動向のみにとどまらず、ドルトン・プランについても活発な紹介や論説の記事が組まれていた。これらの記事は県内の教育関係者だけでなく、広く世間一般の人びとにも読まれ、パーカースト講演会への期待やドルトン・プランへの関心を高めるのに大きな役割を果たしたと考えられよう。

（三）『愛知教育』の場合

では、地域の教育界においてはパーカーストの来日やドルトン・プランはどのように受けとめられたのだろうか。以下ではこの点について、愛知県教育会の機関誌『愛知教育』を手がかりとして検討しておきたい。

当時全国的に隆盛した大正新教育とよばれる教育革新の気運を背景として、一九一七（大正六）年以降、『愛知教育』においても新教育の実践が報告されるようになっていた(23)。こうしたなか、同誌におけるドルトン・プラン受容の中心的役割を果たしたのは、先述した愛知県教育会主事の東海林茂であった。東海林が主事として着任したのは一九二一（大正一〇）年の夏だったとみられる[24]。彼は、その翌年に「学制頒布五十年記念事業」の一環として執筆した『愛知県教育五十年史要』において「欧州大戦後即ち現代の特徴は国民の自覚時代」であり「教授法界は自学自動主義の時代といふべきであらう」との時代認識を示しており、自学法の普及が第一次世界大戦後の教育界の趨勢だとみなしていた人物であった[25]。

一九二四（大正一三）年四月の『愛知教育』第四三六号において、東海林は巻頭言「パーカースト女史を迎ふ」と論考「ダルトンプランに就きて」の二つを掲載した。前者において彼は「名声四海に籍甚たる、ヘレン・パーカスト女史」の来日を祝しつつ、「我が愛知県は、近く女史を名古屋市に迎へ、親しくその蘊蓄とその慈愛に触るる機を得る事となった〔。〕私共は教育の真諦教育の大精神に於て世界に呼吸したる其の真理に耳を傾け、温かき胸奥琴線の交響を感じあふ日を指を屈して待つものである」と熱烈な歓迎の意を表明した[26]。そして、続く論考においてドルトン・プランの概要を以下のごとく紹介している。

「ダルトン・プランに就きて」において東海林は、「ダルトン・プランの発生と進展」「児童大学実際の概略」「児童大学施設経営概況」「ダルトン・プランの根本思想」「ダルトン・プランの参考書」の順に解説を行っている。これらのうち、「児童大学施設経営概況」は東海林が執筆したものではなく、「紐育のパーカースト女史の同校の概覧（All Day School for citychildren）を松山愛媛男子師範教諭の訳したものである」とのただし書きが付されている。東海林自身のドルトン・プラン理解が最もよく示されているのは「ダルトン・プランの根本思想」であった。ここで東海林は「ダルトン案はその原則として自由協同、自治、理解の三大原理をあげてゐるが根本的の長所と見るべきは一方には自由を重んじ飽迄個性を尊重すると共に一方には協同と責任を重んじ社会の一員たらしめんことを的確なる目標とし実験室法による学校生活の社会化しかも能動的生活を重んじた事であろう」（傍点は省略、以下すべて同じ）と述べている[27]。この言葉からわかるのは、彼が「実験室法による学校生活の社会化しかも能動的生活を重んじ」る点にドルトン・プランの「根本的の長所」を認めていたことである。こうした東海林の見解は、彼がドルトン・プランを単なる自学の方法としてだけではなく「学校生活の社会化」の方法として把握していたことを示していよう。

東海林は同論考の末尾で「ダルトン・プランの参考書」を紹介し、赤井米吉によって翻訳刊行されたパーカーストの主著『ダルトン案児童大学の教育』や、吉田惟孝『ダルトン・プランの進歩とその適用』（天地書房、一九二三年）、吉良信之『最も新しい自学の試みダルトン式教育の研究』（厚生閣、一九二二年）といった著名な研究書を挙げてもいた。先述の東海林による解説はこれら研究書の内容を踏まえたうえでなされたものであったとみられ、県内の教育関係者のドルトン・プラン理解を助けるのに貢献したとみられる。

四　パーカースト来名当日の動向

(一) パーカースト来名

以上、地域の有力新聞や教育会機関誌において、パーカーストの動向やドルトン・プランに関して活発な報道がなされ、高い関心が寄せられていたことを見てきた。以下では、こうした情勢のなかで行なわれたパーカーストの名古屋講演会当日の動向を、彼女の歓待にあたった高井望が残した詳細な記録を手がかりとして追ってみよう。高井は成城小学校主事として著名な小原国芳の義弟であり、当時彼の秘書として働いていた人物である。彼はパーカースト一行を出迎えるため、講演会前日である五月八日に名古屋へ派遣された(28)。愛知県と名古屋市の教育会の人びとがパーカースト講演会の成功に向けて尽力していたことは先述したが、高井はその日のうちに県庁内にあった愛知県教育会を訪れて東海林茂や深見久七らと打ち合わせを行なった。この時の様子について、高井は次のように記している。

と言つても殆んど準備は此の度の主催者の一人としての県と市の教育会の委員の方々の手で出来て居たのであつた。丁度明日の司会者は誰とか、歓迎の辞は誰にとか、万一の場合にはどうかとか、主催者としての御心配や御仕事で御多忙最中だつた。而も電話で岐阜県庁から特に数名の聴講願ひが来る、もうこちらは満員で困り切つて居る所だが如何しよう、けれど折角遠方からの特別の申込だ、何とかして上げようではないかと皆での御相談(29)。

こうした高井の言葉からも、県内外から寄せられたパーカースト講演会に対する大きな期待とドルトン・プランへの関心の高まりが窺えよう。そして、諸事の対応に追われつつも万般の準備を整えた高井らは、翌日のパーカーストの到着を待つのみとなったのである。

パーカースト来名当日。当初の予定では、名古屋での講演の通訳は赤井米吉が務めるはずだった。そのため、高井と東海林、加勢清雄（愛知県教育会副会長、愛知県内務部長）ら教育会の面々は、九日の午前六時、駅で赤井の到着を待っていた。だが、いつまでたっても赤井は現れない。そして、「どの列車でも駄目、終列車の分にも依然として〔赤井が〕姿を現はされなかつた」ために不安に駆られた彼らは「取りあへず照会の急電を発し、尚ほ長電話をも申込んで見た」が、「そのうちに東京より電話通じ、通訳者は大阪よりそのまゝ加藤直士氏がおいで下さることに急に変更になつたとのことが分つて、一同大安心」したのであった。

その後一二時三〇分、ついにパーカースト一行が名古屋駅に到着、すぐに自動車で会場へ向かった。高井によれば、彼らが会場に入ったとき、すでに「広い県会議事堂は階上階下とも一杯」だったという。一三時、加勢は開会の辞として「顧みますれば今より七十余年前、アメリカ提督ペルリが初めて浦賀に来り、徳川三百年の迷夢を破り我国の文化に多大の貢献をした様に、〔パーカースト〕女史によつて、我教育界の諸般は多大の覚醒をなすべきことがあらう〔と〕信じます」と挨拶し、パーカーストの来日を一八五三（嘉永六）年におけるペリー来航となぞらえた[30]。こうしてパーカーストによる講演「ダルトン式教育法」が始まったのである。この講演の記録は、翌月の『愛知教育』第四三八号に掲載されている[31]。以下では、この記録を手がかりとして名古屋講演の概要について見ておこう。

(二) 名古屋講演の概要

パーカーストは名古屋講演において、まず、「自由」とは「子どもの個性の発達」を目的として「この個性の伸長を障害するものを除去する」ための手段であると説き起こす。そして「自由の真義」とは「他より課せられたる仕事にあらずして自ら計画し自ら研究調査し発見する如く習性を養ひ自己の発達を助けること」だと述べている。次にドルトン・プランとは「学校生活の改革」であり「社会に於ける生活と学校に於ける生活とを一致せしめる」ための方法であることを強調する。さらに「ダルトン・プランの実際」として「受負仕事」「学習科目」「研究室」「朝の相談」「進度」「会議」について説明を加えたのち、彼女は次のように自らの論旨をまとめている。

私は終りに臨み先に戻つてドルトンプルラン《ママ》は学科でも教授法でもない。学校の生活改善であることを繰り返します。教育者諸君に私が何故学科教授法を話さないかと言ふとダルトンプランはどんな学科にも応用することが出来るからである。〔中略〕これが骨子である。妨害となつてゐる従来の束縛から解放されて各個人の人格特長を発揮せしめる所以である。只今お話したドルトンプランは結局三つの原理によつて統轄されてゐるのであります。

(1) 学校生活の仕事を請負仕事の型に於て与ふ。

(2) 自由を尊ぶ＝詳言すれば自分の最善と思ふ方法に於て仕事をなすと云ふ意味の自由である。即ち自ら計画せる方便自ら選びたる手段によつて仕事を開拓して行く所に自由がある。

(3) 協　力　研究室に於《ママ》まる子供同志《ママ》の間に行はれる即ち成績物の比較、学習法の相談其他研究室内の共同生活が協力の徳を養成せらる。即ち学校生活内に於て社会的協力の習性を作ることが出来る。

パーカーストは、こうして「子供は自分の勢力を自力自身に御し手綱をとつて進み自らを支配し仕事に打ち克つのみならず自らに打ち克ち自らを信じることが出来る」と述べ、「この様に小学校生活〔を〕改良する様式を試みたのがダルトンプランである」ことを強調して講演を終えたのであった。

(三)　日本滞在中の所感

パーカーストの名古屋講演会は深見久七による閉会の辞をもって一六時に終了した。一度宿に引き上げたあと、パーカーストは一六時三〇分ごろから土産物として古い木彫の彫刻を買い求めるために自動車で名古屋市内へと出かけている。そして、一八時から名古屋ホテル(32)でレセプションが開催され、県と市の教育課関係者や教育事業に携わる人びと三〇名ほどが出席してパーカーストと交流した。その締めくくりに加勢清雄が行なった挨拶に応えて、パーカーストは「日本滞在中の所感」を述べた。そのときの彼女の演説の一部を引用すれば、次のとおりである。

私は日本に参る以前可成日本について、見聞もし、又研究もしたつもりでありましたが、〔中略〕日本の方々に接し、日本の文物に触れ、実に驚くべき日本であることを初めて知るを得ました。例へば教育上の事に就いて云へば、ダルトン・プランの如きも、もとより其の方法は異つてゐるが、ニユーヨークに行はれてゐる其精神は誠によく行はれ、少しく迎合の詞の様に聞えるかも知れぬが、寧ろ彼の地よりより以上に行はれてゐるのを見まして私は驚異の念に打たれざるを得なかつた程であります。

〔中略〕

尚ほ私は此の機会に於て、平素の私の考ふ一端を述べたいと思ひます。私は世界中の子供を一つの円満なる交際に於て平和を促進するものをつくりたいと思ふてゐます。〔中略〕私は米国の子供の使節として、貴国にまゐつたのでありますが、やがて私は彼地に帰らねばならぬのでありますが其際は甚だ潜越《ママ》ながら日本の子供の大使節となつて米国にかへり、日米両国の交際を進め、敬愛の念を高め、友誼を厚くし以て世界平和実現のために尽したいと存じます(33)。

このように、パーカーストは「世界中の子供を一つの円満なる交際に於て平和を促進する」ことを願いつつ、自らが日米親善のかけはしとして「世界平和実現のために尽したい」との決意を表明したのであった。こうしてレセプションは無事に終了し、パーカースト一行は二三時五〇分発の特急列車で東京へ向けて名古屋を発ったのである。

五　おわりに

以上、本章では、パーカーストの名古屋講演を事例としてドルトン・プランの地域的受容の一端を明らかにした。これまで見てきたように、名古屋ではパーカースト来名にあたり、地域の有力紙や教育会の機関誌においてパーカーストやドルトン・プランのことが盛んに喧伝されていた。そして、これらの記事は彼女の講演会やドルトン・プランに対する世間一般の関心を高めるのに大いに貢献したと考えられる。こうした情勢のなかパーカーストは来名し、彼女の講演会には非常に多数の聴衆が訪れることとなったのである。

パーカーストは「世界中の子供を一つの円満なる交際に於て平和を促進する」ことを願い、自ら日米親善のかけはしとなる希望をもって来日した。しかしながら、こうした願いとは裏腹に、折しも彼女が日本滞在中の一九二四年五月一五日、アメリカ議会で排日移民法が成立、その後の日米関係は悪化の途を辿ることとなった。また、当時日本で熱狂的に迎えられたドルトン・プランも、一九二〇年代後半に入ると大正新教育の急速な退潮とともに衰退してゆき、全国的には一時の流行として過ぎ去っていったのである。こうした経緯に鑑みるとき、パーカーストの来日とは、日米の教育文化交流史上の一つの頂点であったといえよう。

注

(1) Parkhurst, H., Education on the Dalton Plan, London, G. Bell and Sons, 1922, p.24.
(2) 中野光『大正自由教育の研究』黎明書房、一九九八年、一九一頁。ただし、同書の初版は一九六八年に刊行。
(3) たとえば、増田史郎亮の「長崎県に於ける新教育運動の展開―ドールトン・プランを主として」(『長崎大学教育学部教育科学研究報告』第一六号、一九六九年三月)をはじめとする一連の研究や、吉良侑『大正自由教育とドルトン・プラン』(福村出版、一九八五年)などがある。
(4) 代表的な研究として、久木幸男「ダルトン・プラン論争」(久木幸男・鈴木英一・今野喜清編『日本教育論争史録』第二巻近代編(下)、第一法規、一九八〇年)や上原秀一「日本近代教育における個別化理論の形成―大正新教育のドルトン・プラン移入を手がかりに」(『近代教育フォーラム』第七号、教育思想史学会、一九八八年九月)などが挙げられる。
(5) こうした観点からの萌芽的研究としては、吉良侑「わが国におけるドルトン・プランによる教育の研究　パーカーストの日本講演について」(『熊本大学教育学部紀要(人文科学)』第三六号、一九八七年九月)がある。
(6) パーカースト来日までの経緯については、さしあたり、前掲『大正自由教育とドルトン・プラン』を参照されたい。
(7) 「学校に於ける自然の生活改善方法」『新愛知』第一一七五六号、新愛知新聞社、一九二四年五月一〇日。なお、この時集まった聴衆の数については、約一五〇〇名だったとする見解もあり、正確な数はわからない(愛知県教育委員会『愛知県教育史』第四巻、愛知県教育委員会、一九七五年、九二頁)。
(8) 「パークハースト女史を招聘し五月上旬に講演会」『新愛知』第一一七〇八号、新愛知新聞社、一九二四年三月三六日。
(9) 『名古屋市職員録(甲)』名古屋市、一九二三年一〇月、六頁。
(10) 東海林茂については、『日本新教育百年史』(小原国芳編、第五巻(中部)、玉川大学出版部、一九六九年)を参照した。
(11) 深見久七については、『五〇年のあゆみ』(五〇年のあゆみ編集委員会編、名古屋市立工芸高等学校、一九六七年)を参照した。

(12)「ダ式教育法の母　バ《ママ》ーカスト女史来る」『名古屋新聞』第一〇〇八三号、名古屋新聞社、一九二四年四月三日。
(13)「パークハウスト女史のダルトン・プラン紹介」『名古屋新聞』第一〇〇八五号、名古屋新聞社、一九二四年四月五日。
(14)「パークハウスト女史のダルトン・プラン紹介(二)」『名古屋新聞』第一〇〇八六号、名古屋新聞社、一九二四年四月六日。
(15)「パークハウスト女史のダルトン・プラン紹介(三)」『名古屋新聞』第一〇〇八八号、名古屋新聞社、一九二四年四月八日。
(16)「パークハウスト女史のダルトン・プラン紹介(四)」『名古屋新聞』第一〇〇八九号、名古屋新聞社、一九二四年四月九日。
(17)「ダルトン式教育法の開祖が来朝」『新愛知』第一一七一六号、新愛知新聞社、一九二四年四月三日。
(18)「名古屋で講演するダルトンプランのバ《ママ》女史」『新愛知』第一一七二二号、新愛知新聞社、一九二四年四月一〇日。「ダルトンプラン創始者　パーカースト女史の講習会」『新愛知』第一一七四九号、新愛知新聞社、一九二四年五月七日。
(19)「ダルトン式教授公開　教育法完成の過程の第一歩になる東田小学校」『新愛知』第一一七四六号、新愛知新聞社、一九二四年五月四日。
(20)「パーカスト女史と新公民の創始者ウ井ルソン・ギル氏」『新愛知』第一一七一七号、新愛知新聞社、一九二四年四月五日。
(21)ウ井ルソン、エル、ギル著、桐生悠々訳『普通選挙の準備』日本図書出版、一九二〇年、三〜四五頁。
(22)前掲「パーカスト女史と新公民の創始者ウ井ルソン・ギル氏」。
(23)前掲『愛知県教育史』第四巻、八五〜八六頁。
(24)一九二一年八月の『愛知教育』誌上で、東海林茂は「今回はからずも御厄介になる事になりました、少しも経験なく、且つ至つて不行届の者ですから、何卒御高比《ママ》と御指導をたまはらん事をお願申します」と表明している（東海林茂「教育会の任務と事業」『愛知教育』第四〇四号、愛知県教育会事務所、一九二一年八月、四二頁）。このことから、彼が主事として着任したのはこの記事が掲載された前後のことと推測される。
(25)東海林茂編『愛知県教育五十年史要』愛知県教育会、一九二二年、一二二〜一二三頁。
(26)東海林茂「パーカスト女史を迎ふ」『愛知教育』第四三六号、愛知県教育会事務所、一九二四年四月、一頁。
(27)東海林茂「ダルトン・プランに就きて」『愛知教育』第四三六号、愛知県教育会事務所、一九二四年四月、一三頁。
(28)高井望については、高井の親族である藤井百合氏に貴重なご教示をいただいた。この場を借りて厚く謝意を表したい。
(29)高井望「パーカースト女史名古屋講演」小原国芳編『ダルトン案の主張と適用』文化書房、一九二四年、五四頁。以下、同記録より引用。
(30)加勢清雄「開会の辞」『愛知教育』第四三八号、愛知県教育会、一九二四年六月、八頁。
(31)パークハースト述、加藤直士訳「ダルトン式教育法」『愛知教育』第四三八号、愛知県教育会、一九二四年六月。以下、同記録より引用。なお、この記録の末尾には「右講演筆記は、名古屋市園町尋常小学校訓導高橋久長、同牧野〔博〕の両君を煩はしたものでありま す」との東海林茂によるただし書きが付されている（一八頁）。

(32)『愛知県会社総覧』（名古屋毎日新聞社、一九三九年、五五頁）によれば、名古屋ホテルは一九〇四（明治三七）年に創業し、「中京唯一の純洋式旅館として常に外客の投宿を絶たず、また洋式宴会場として社交場に於ても最も重要視されて居」たホテルであった。創業当時は「高田某の個人経営であつたが後株式会社組織に改めて今日〔＝一九三九（昭和一四）年当時〕に至り、清楚なる設備、甘美なる料理を誇りとして盛んに営業を続けて居る」という。所在地は西区竪三蔵町一丁目（現、中区）であった。

(33) パークハースト述、加藤直士訳「日本滞在中の所感」『愛知教育』第四三八号、愛知県教育会、一九二四年六月、一九～二一頁。

第五章　南清のグラスゴウ留学

加藤　詔士

一　英国留学による工学人材の養成

(一) 工学専門教育機関の設置

明治のはじめ、わが国では教育の近代化と自立化がめざされた。その方策として、お雇い教師の招聘、海外留学生の派遣、使節団・調査団の海外派遣、万国博覧会の参同、学術文献の輸入・翻訳による西洋の学術技芸の摂取がとくに注目される。

このうち、お雇い教師の雇い入れとそれにつづく留学生派遣政策は、比較的短期間に確かな成果が期待できる政策であった。西洋をモデルにして近代学校を設立し、先進国より招いたお雇い教師から西洋の学術技芸を学ばせる。成績優秀者を選抜して西洋に留学させ、教育の仕上げをし実地経験を積ませる。帰国後、外国人の学校教師に代わって教壇に立たせて自立化をはかるというもくろみである。

新しい時代にふさわしい人材育成ということはすでに早くから始まっており、幕末期には、医学や鉱山学などにおいて洋学を身につけた実学人材の育成が開始されていたが、明治期になると「新政府の各省は、さらに広範囲にわたって新しい人材を確保するため、いっせいに専門教育機関の創設に着手」した[1]。「国家富強のためには実学人材が必要であるという考え方から、まずもって専門教育が組織化された」のである[2]。たとえば、文部省は旧幕時代の開成所と医学所を再編して東京大学をつくった。工業技術の近代化を目ざした工部省は工学寮ならびに工部大学校を創設した。北海道の開拓を主務とする開拓使は札幌農学校を設立した。法学知識を身につけた人材の育成を期して、司法省は明法寮や法学校を開設した。「農業や畜産業など民業を主体とした殖産興業政策を推進する」内務省は、駒場農学校を設けた[3]。

専門教育機関を設置したけれども、そこでの実務的な人材を養成する教育ならびに編制については、海外にモデルを求めてそれを主体的に摂取しようとしたことが注目される。その際、当時すでに専門学ごとにどこの国が優れているかについての認識があり[4]、それに基づいて招聘すべきお雇い教師ならびに留学生の派遣先が決められた。工学なら英国、法律学はフランス、政治学はドイツ、農学はアメリカが進んでいるなどという認識である。

（二）英国留学生の選抜と派遣

工学人材教育を担当した工部省の場合は、早くから英国をモデルにした教育の近代化と自立化を意図していた。学校を設立しそこに英国人教師を招いて西洋式の教育を行い、成績優秀者を選抜して西洋に留学させる。成業の者を帰国後工部省に奉職させるか、英国人教師に代わって教壇に立たせるというもくろみである。

まず一八七四（明治七）年八月に工学の専門教育機関を開校した。はじめ工学寮といい、一八七七（明治一〇）年一月に工部大学校と名を変えた。明治六年六月に、英国人教師の第一陣九名が来着したのを皮切りに、工部大学校が東京大学の工芸学部と合併して帝国大学工科大学となる明治一九年三月までに、のべ三五名の外国人教師を雇い入れたが、そのうち工部美術学校担当のイタリア人教師七名を除けば、すべて英国人であった(5)。かれら英国人教師の主導で西洋式の教育が行われた。

一八七九（明治一二）年一一月になり、第一回の卒業生二三名を送りだすとき、工部省は成績優秀者一一名を選び、同月二五日付で英国に留学を命じた(6)。工学寮ならびに工部大学校で指導を受けた教師たちの母国である。選抜された留学生とその留学先は別表のとおりである。

彼ら留学生の選抜は、おおむね在学中の総合成績に基づいて行われた。その総合成績は普通学、専門学の本科および文科、実地修業、そして卒業試験の点数を「合シテ明細厳密ニ比較算定」され、第一位は志田林三郎（二七六・八点）であり、ついで高山直質（二一五・三点）、三好晋六郎（二〇九・四点）、辰野金吾（二〇八・七点）、南清（二〇八・六点）などという順位であった(7)。

ちなみに、このとき井上馨工部卿が三條実美太政大臣にあてた海外留学生派遣上申書には、「工部大学校御設立以来入校生徒中学芸相進本年迄既ニ逐々卒業ノ者モ有之尚将来共仝様卒業生モ有之候間是ヲ以彼ニ代候ハ、終ニハ全ク外人ノ傭使ヲ廃シ日本人而已ヲ以工業ニ従事致候様可相成」とあり、また「殊ニ大学校教師ノ如キ是非洋行実地経歴ノ功ヲ積マサレハ素ヨリ其任ニ難耐義ニテ且専門各科教師ニ可採用者モ是亦洋行セシメ候ハヽ猶以其任ニ適応可致ハ言ヲ俟ザル義ニ御座候」とあって、工部省諸事業の自立化ならびに留学生派遣政策の意図と計画がうかがわれる(8)。

一一名の英国留学生の一人に南清（一八五五〜一九〇四）がいる。鉄道事業の功労者となる人物である。「日本鉄道の父」と称えられてもいる。旧会津藩士の出で、一八六九（明治二）年に上京し神田孝平ならびに箕作秋坪の塾、さらには慶応義塾、開成学校に学んで英学を修めたのち、一八七三（明治六）年には工学寮に官費生として入学する。それから六年間、英国風の学校生活をおくり、学理と実地を兼備した工学教育を受けたのだった。卒業時には土木科「第一等及第」の栄誉を得、工学士の位を授けられている(9)。

別表　工部大学校 第1回海外留学生一覧

氏　名	専　攻	卒業学科・等級（総合成績）	留　学　先	出　発	帰　国	帰国後の奉職先
南　　清	土木学	土木科第一等及第（208.6点）	グラスゴウ大学	明治13年2月8日	明治16年2月2日	工部省鉄道局
高山　直質	機械学	機械科第一等及第（215.3点）	グラスゴウ大学	同	明治16年7月□日	工部大学校
三好晋六郎	造船学	機械科第一等及第（209.4点）	ネイピア造船所，グラスゴウ大学	同	明治16年7月□日	工部大学校
荒川新一郎	機械学	機械科第一等及第（204.4点）	マンチェスター大学	同	明治16年2月□日	農商務省
志田林三郎	通信学	電信科第一等及第（276.8点）	グラスゴウ大学	同	明治16年4月□日	工部省電信局
辰野　金吾	造家学	造家科第一等及第（208.7点）	ロンドン大学	同	明治16年5月26日	工部省営繕課
近藤　貴蔵	鉱山学	鉱山科第一等及第（205.5点）	王立鉱山学校（ロンドン）	同	（明治14年12月27日，帰国途中の香港で死去）	
石橋　絢彦	灯台学	土木科第二等及第（158.3点）	灯台技師サー・ダグラスの徒弟	同	明治16年2月7日	工部省灯台局
高峰　譲吉	化　学	化学科第二等及第（194.2点）	アンダソン・カレッジ	同	明治16年2月7日	農商務省
小花　冬吉	冶金学	冶金科第二等及第（171.2点）	王立鉱山学校（ロンドン）	同	明治16年4月30日	工部省鉱山課
栗本　　廉	地質学	冶金科第二等及第（165.7点）	王立鉱山学校（ロンドン），フライベルク鉱山学校	同	明治16年10月5日	工部省鉱山課

※旧工部大学校史料編纂会編『旧工部大学校史料』虎乃門会，昭和6，137-141頁，148-150頁。
「近藤貴蔵氏ノ伝」『工学叢誌』第6巻（明治15年4月）298頁。
Imperial College of Engineering（Kôbu-Dai-Gakkô），Tôkei, *Calendar, Session MDCCCLXXX-LXXXI,* Imperial College of Engineering（Kôbu-Dai-Gakkô），Tôkei, 1880, p.CLIII.
`Shipping Intelligence', `Shipping', `Latest Shipping', *The Japan Weekly Mail*（6 Jan. 1883 ～ 29 Dec. 1883）
渡辺實『近代日本海外留学生史』上，講談社，昭和52，410頁。その他。「帰国」欄の□は期日不明を示す。

二　グラスゴウ大学における修学

（一）工学教育の先進校

南清を含む工部大学校の第一回卒業生のなかから選ばれた留学生一一名は、いずれも英国に学んだ。そのうち南清の旅券番号は八七六五番、「土木学修業トシテ欧州行」という申請理由で、一八八〇（明治一三）年一月二四日付で手にしていた(10)。

同年の二月九日、横浜から香港行のフランス蒸気船ヴォルガ号（一五〇二トン）で出航した(11)。香港でフランス船シンド号に乗り換え、サイゴン、シンガポール、アデン（アラビア）、そして紅海を経てマルセーユ港に至る。ここから急行列車でパリを経てカレーに向かい、カレーからドーバー海峡を渡って英国のドーベルに到着、汽車でロンドンに向かいヴィクトリア駅に降り立った。横浜を出航してから四三日を要していた。駅頭には南清の兄で在ロンドン領事館領事・南保（一八四六〜一八八六）ならびに同三等書生・三田佶（一八五三〜一九二三）の出迎えを受けた。ロンドンに二週間ほど滞在した後、各人の目指す留学先に向かった。ロンドン滞在中、工部省ご用達ジャーディン・マセソン商会（Jardine Matheson & Co.）のH・M・マセソン（Hugh M. Matheson, 一八二一〜一八九八）社長に、仲間とともに面会している(12)。

南が学んだ留学先は、スコットランドのグラスゴウ大学である。一四五一年の創立で、英国で四番目に古い伝統をもっている。当時、世界における工学教育の先進校の一つであり、わが国とは、幕末以来、横浜を拠点に交易を始めていたスコットランド系のジャーディン・マセソン商会を介して、英国人教師の雇い入れを通して親密な関係が築かれていた(13)。

グラスゴウ大学における日本人留学生は南清が最初ではなく、すでに二名の日本人が学んでいた。谷口直貞（一八五四〜一九三二）および増田礼作（一八五四〜一九一七）である。開成学校出身の二人は一八七六（明治九）年に文部省第二回派遣留学生として渡英し、一八七六年度および一八七七年度の二年間グラスゴウ大学に学んだ。二人はともに、一八七六年度には物理学、数学上級、土木・機械工学上級、土木・機械工学初級、工学現場実務上級（Office and Field Work in Engineering, Senior）、天文学を、一八七七年度には化学、地質学をそれぞれ受講している[14]。両名ともに優秀な成績を残し、わずか二年の修学で科学士号ならびに工学資格証明書（Certificate of Proficiency in Engineering Science）を獲得している[15]。

南清はこの谷口直貞および増田礼作に続く日本人留学生であった。それも同期の志田林三郎（一八五六〜一八九二）ならびに高山直質（一八五六〜一八八六）と一緒に学んでいる。志田林三郎は電気思想の普及に尽力し、現代の高度情報化社会を予測したことで有名であり、高山直質もまた「オーストラリア近海から真珠を輸入して養殖することを提案した」ことで知られている。二人は帰国後ともに帝国大学工科大学教授に就任している[16]。

（二）受講記録と学業成績

南は、グラスゴウ大学に入学するとき、一枚の「登録証（Matriculation Album）」を作成している。一八八〇年度の登録証九〇〇番が南のものである[17]。太めのペンで、「Kiyoshi Minami」、二五歳と書きこみ、希望する専攻分野は「工学」、受講科目は「工学の全科目」と申請している。出身地は「日本の会津」、父親の名前は「とねり（舎人）」、職業は「士族（Gentleman）」と記し、現住所欄にはウィルソン・ストリートのマークランド・テラス一八番（18 Markland Terrace, Wilson St.）、日本の住所欄には「東京の工部省」、と書き添えてもいる。

記名簿とでもいうべき文書（*Glasgow University Album*）にも、南の登録記録が残っている。こちらの場合は、父親の職業欄に「士族（Samurai Gentleman）」と書きこんでいる[18]。

入学登録の際、南は「工学の全科目」の受講を申し出ているが、具体的には、「自然哲学」クラス、「土木工学・機械学」初級コースおよび上級コース、「工学の実習・実地調査（Office and Fieldl Work in Engineering）」上級コースの四科目である。各科目の受講料はそれぞれ三ポンド三シリングであった[19]。

最初の「自然哲学」クラスはW・トムソン（William Thomson，一八二四〜一九〇七）教授が担当し、力学の概要、物質の特性、熱力学、実例・計算・実験による例解、の四領域から構成された。毎日二時間開設され、第一限は朝九時に始まり、諸原理の説明、観測結果についての解説、実験による例解にあてられた。第二限は、火曜日・木曜日は一一時から数学の論証と演習ならびに初級数学の試験が、月曜日・水曜日・金曜日は一二時から上級数学の講義が行われた。教科書としてトムソンの単著や共著（『自然哲学原理』[20]など）が使用され、実験室を活用して教えられた。

「土木工学・機械学」の初級コースは、毎週月・水・金曜日の一一時から一二時まで開かれた。土地測量・水準測量の原理と方法に始まり、経緯儀と水準器の原理および使用法、計測（とくに線路の土木工事関連）、鉄道線路とその軌道の設計、トンネルの掘削、土木工事契約の明細書、建築入門などが扱われている。

上級コースの方は、土曜日を除く毎日午後四時から始まる。上級であるだけに、細かな学習課程が用意されていたが、ここでは初級コースの復習と継続学習に加えて、主として物質の弾性と強度、建造物の強度・安定性・堅牢度、構造物の支柱、エネルギー・機械力・馬力、摩擦と応用力学上の諸問題、水力学原理、河川と流水の測定、熱力学の基本原理、蒸気機関・水車・タービン、揚水用の遠心ポンプと送風機、造船学原理と求積法、陸橋と高架橋、排水工事と上水道事業、建物内の換気装置その他の衛生設備、鉱山における換気・排水・水処理というテーマが取りあげられている。

「工学の実習・実地調査」上級コースは火曜日および木曜日の午後一時から三時まで開かれた。画法幾何学・正射図法・等測投影法・遠近法の講義と実習、工学建築学製図・土地測量・水準測量・土地区画・測定法一般の実習、工学研修旅行が用意されていた。そのほか、土曜日などに、室内・室外で実際に就業してみることが求められていた(21)。

南清はこれら四科目を受講したのだが、いずれの成績も実に優秀であったことが注目される。学習成績については、すでに村上享一『南清伝』（明治四二年）において「二百五十人内外の同級生中、君は曾て七八番以下に降りしことなかりき」(22)と伝えられているが、具体的には、「自然哲学」は一九四名中七番、「工学の実習・実地調査」上級コースは一八名中二番、「土木工学・機械学」（上級コース一五名、初級コース一九名）ではウォーカー賞（三番）ならびにハーヴェイ賞（三番）を獲得している(23)。ウォーカー賞とは土木技師J・ウォーカー（James Walker）を記念して創設され、土木工学・機械学で優秀な学生に贈られた。ハーヴェイ賞は機械技師G・ハーヴェイ（George Harvey）を記念して設置され、工学の試験成績優秀者に贈られていた(24)。

ちなみに、同僚の志田林三郎ならびに高山直質もまた成績優秀であったことが特筆される。志田は、「数学」上級は二番、「自然哲学」の一般クラス一番、「上級数学」クラス一番という成績であった(25)。しかも、クリーランド金賞を獲得している。グラスゴウ市土木局長J・クリーランド（James Cleland）を記念して設けられた同賞は、「物理学と神学の学生を対象に学長ならびに大学教授の指定する主題についての最優秀論文に与えられる」もので、志田は磁気感受率（magnetic susceptibility）についての実験研究論文においてこれを獲得した(26)。

高山直質の場合は、「土木工学・機械学」上級および初級、「工学の実習・実地調査」上級コースを受講し、「土木工学・機械学」上級コース二番、ウォーカー賞（三番）ならびにハーヴェイ賞（一番）を獲得している。受講者の投票で選ばれる「自然哲学」優秀賞（二番）も手にしている(27)。

(三)　学位授与式における称賛

南清をはじめ日本人留学生の学業成績の優秀さは、当時大いに注目を集めた。一八八一年四月二九日、グラスゴウ大学博物館ホールで開かれた学位授与式では、自然哲学教授W・トムソンが式辞を述べそのなかでも称えられている。その模様は、翌三〇日付で地元紙の『グラスゴウ・ヘラルド』あるいは『ノース・ブリティシュ・デイリィ・メイル』などで報じられている(28)。

そのうち、『グラスゴウ・ヘラルド』紙が詳しく伝えるところでは、トムソン教授はこの式典の席上、博物学クラスの優秀賞を授与する際に挨拶し、「このクラスは光栄にも自分が教授に選任されてから見てきたなかで最高の自然哲学クラスであるばかりか、これまでグラスゴウ大学で開かれた自然哲学のなかの最高のクラスであった」、と述べた。しかも、「これまで体験したかぎり、このクラスほどうまく指導でき、とても満足をおぼえた学級は記憶にない」と言い添えている。なかでも「日本から来た三人の学生」の優秀さと学習ぶりは、とりわけ感銘を与えたようで、次のように報じられている。

彼らは文字どおり母国の誉れとなったのであり、彼らがいかに心から迎え入れられたかを見て、彼はとても満足したのであった。しかし、勉強しにやって来て一緒に同じ机を並べ、世界の反対側にある国にヨーロッパの学問を持ち帰ろうと一心になっているこれらの日本人学生たちを、スコットランドの若者たちが非常に親切に歓迎しとても好意的に迎え入てくれたということは、まったく予期できなかったことである。この三人の日本人学生の並外れた優秀さについて注目すべきことがあった。いずれのクラスでも彼らには仲間たちの全員一致でもって賞が与えられたのだが、彼ら三人は筆記試験に秀でていたのみならず、口頭試験にもきわめてずば抜けていたのである。これは、話がすべてわかるという優れた理解力のあらわれであった。また、英語が彼らにとって外国語であることを考えるとき、英語で自分の考えをはっきりと力強く表現できる能力を示すものであったが、この点はトムソン教授のまったく思いもよらぬところであった。

ここにいう三人の日本人学生とは、南清、志田林三郎および高山直質のことであることはいうまでもない。「グラスゴウ大学、学位授与式」[29]と題するこの記事は、のちに『工学会誌』を通じて日本に紹介されている。日本工学会が刊行した雑誌であり、その五三巻（明治一九年五月三一日）にある雑記「高山直質氏之小傳」がそれである[30]。筆者は真野文二（一八六一～一九四六）であり、彼もまた工部大学校を卒業後の一八八六年にグラスゴウ大学へ留学し、自然哲学、数学、土木工学・機械学を履修している[31]。

『朝野新聞』でも、右の学位授与式のあった一八八一（明治一四）年の六月二六日の紙面ですでに報じられていた。各人の等級と賞品が次のように紹介されている[32]。

○去る十二年四月工部大学校に於て工学士の証帖を受け英国へ留学を命ぜられたる南清（土木学）、高山直質（機械学）、志田林三郎（電信学）の三氏ハ過日蘇格蘭グラスゴー《ママ》の学校に於て試験の節左の等級及び賞品を得さる由実にこよ無き面目と謂ふべし工学部土木并器械科上級（二）高山〇室内事業井野外上級（二）南〇筆記試験賞品乙（三）南（四）高山〇ショージハーウェー賞品高山、同乙南〇物理学科（科中生徒の投票を以て優劣を定む）一年生徒（一）志田（二）南〇高等数学科二年生徒（一）志田

三　グラスゴウにおける実地研修

（一）グラスゴウ大学による実施研修の推奨

グラスゴウ大学に留学中、南は大学内での勉学だけでなく、学外に出て実地に研修を体験したことも注目される。これができたのも、同大学の学習課程は年間を通して開設されていたわけでなく、一〇月から四月までの冬学期のみ開かれていたからである。五月に始まる夏学期になれば、市内外の会社や工場に入って実地研修を受けることができ

たのである。

大学当局も、当時この実地研修を奨励していた。もっとも、産業界と大学とが協力して実習と大学内での学習を交互に行うというこの制度がいつ始まったのか、不確かなところがあり諸説ある[33]。「グラスゴウ大学工学部が一八四〇年に設置されて以来、……学生は半年間を自由に自分の望む専門の実習にあててよかった」という説をなすものもいる[34]が、どうも確かな記録は見当たらない。しかし、一八六五年になると、弟子入り制度や徒弟奉公制度を妨げないように配慮し、「大学の学習課程の履修は、学生の都合によって、弟子入りないし徒弟奉公の前後でも途中からでもよい。これによく合うと思われる履修の組み方は、冬学期を大学での勉学に、夏学期を工学実習にあてることである。」という記録があらわれてくる[35]。さらに、『グラスゴウ大学便覧』に見るかぎり、一八七八年度版から、この制度についての明確な規定があらわれ始める。「工学専攻生は、可能ならば、本学在籍中の二夏か三夏、土木工事もしくは建築の営業所、作業所、あるいは鉄道や水道、港湾など敷設中の事業に勤めることが望ましい」というのである[36]。しかも一八八〇年度版以降になると、それを強く「推奨」するという文字がみえる[37]。

(二)　鉄工所や鉄道会社における実習体験

南は、サンドイッチ制度と呼ばれるこの実地研修の機会を逃さず、積極的に活用した。まず最初に、P．アンドW．マクレラン（P. & W. M'Lellan）鉄工所に入り、職工たちに伍して鉄橋の組み立て作業に従事した[38]。市内のトロンゲイトにあった鉄工所であって、鉄道の貨車製造、橋梁ならびにボイラー製作のほか、鉄製器具や鋼製品の卸売、金属細工、機械製作、ボルト・ナット・リベット・鎖の製造、ブリキ製造、ガス工事などを扱っていた[39]。このときの職工頭は日本に招かれ神戸・京都間の線路を敷設する際、職工頭として指導したことのある人物であった。そのような縁から、南は研修中少なからず便宜をえたようである。その職工頭とは、工部省お雇い建築師であったＥ・

G・ホルサム（Edmund Gregory Holtham）と思われる[40]。マクレラン鉄工所のほかにも、クライド川の築港事業の実務に従事したし[41]、スコットランド最大手の鉄道会社カレドニアン鉄道会社技師長の事務所に入って実地の研修を積んでもいる。この鉄道会社における実習では、グラハムという技師長と一緒に各方面に出張し、ときには一方の業務を担当することもあったと伝えられている[42]。

このような実地研修は、南にとって初めてのことではない。工部大学校に在学中、すでに経験ずみであった。当時の規程によれば、六年間の在学中、最初二年間は校内において修学するが、その後の二年間は「毎年六ケ月間校中ニ於テ修学シ六ケ月間ハ実地ニ就キテ各志願ノ工術ヲ修業セシメ」る。それから最後の二年間になると、「全ク実地ニ就テ執業セシム」ことになっていたのである[43]。実際、南は五年次にあたる明治一〇年度には、七月に下総常陸（二四日間）、一二月に横須賀（六日間）、翌一一年三月に秋田県八郎《ママ》湖にそれぞれ派遣されている。六年次になった明治一一年度には、一〇月七日から大坂に出張し翌年六月一六日に帰京している[44]。実に八か月余におよぶ実習であった。

修学と実地修業を交互に組みこむというこの教育課程が成ったのは、同校の都検H・ダイアー（Henry Dyer, 一八四八～一九一八）の発案と指導によるものであった。ダイアーは一八六八年から一八七二年までグラスゴウ大学に在学したのだから、同大学における先駆的実践に学んで工部大学校の教育経営に取りいれたのであろう。また、近年の研究が明らかにしているように、「成功的なエンジニアになりうるような人材を養成する」ためには、大陸諸国にみられる学理を重視する工業教育方式と、英国にみられる実践重視の方式との「賢明なる結合」が必要である[45]というのが、彼の基本的な工学教育観であったのだから、まさにそれを具体化したものであったといってよい。実際、彼は自著『大日本・東洋の英国』（一九〇四）や『大局的にみたエンジニアの教育と実務に関する提言』（一九〇五）のなかで、「エンジニアの教育における理論と実践の結合の方法は私が日本に導入した」と明記している[46]。

四　グラスゴウの宿所

入学時の登録証によれば、南はグラスゴウにおける現住所を市内ウィルソン・ストリートのマークランド・テラス一八番と届けている。留学仲間の志田と高山も同じ住所を記している[47]から、三人の宿所が一緒であったことになる。現在も、四階建の建物が残っており、フラットとして使用されている。黄土色の煉瓦に四角い窓枠がみえる、ジョージア朝風の建物である。

もっとも、南は当初から同テラスに居住していたわけではない。南は、先述のように、一八八〇（明治一三）年二月九日に横浜を発って英国に赴きグラスゴウに入るが、最初は、入学時の登録証に記したマークランド・テラス一八番とは別のところに居住したと思われる。同年度の入学登録は一〇月一八日から一一月三〇日まで受け付けられており、この間にマークランド・テラス一八番という宿所を申告するまで、C・ブラウン（Colin Brown）宅に寄留していた[48]。そのブラウン宅はヒルヘッドのセントジェムズ・プレイス一番地にあった[49]。現在でいえば、グラスゴウ空港の南にあるギルモア駅あたりである。

ブラウンはジャーディン・マセソン商会の代理店をつとめていた。マセソン商会といえば、幕末からわが国と商取引を続けており、また伊藤博文（一八四一～一九〇九）、井上馨（一八三六～一九一五）、山尾庸三（一八三七～一九一七）ら長州藩士の英国留学を支援したことで知られる[50]。しかも、ブラウンは同社社長の友人ということから、南たちはこのブラウン氏に託されていたのであろう。山尾庸三も一八六六年から六八年までグラスゴウのアンダソン・カレッジ（今のストラスクライド大学）に学んだとき、このブラウン宅に寄宿していたことが知られている[51]。

　ところが、ブラウンは、日本の貧困士族のように、紳士としての身分はありながら暮らし向きははなはだ不如意であった。そのうえ、一〇歳から三〇歳までの女子四人、一〇歳から二〇歳までの男子二人を抱えており、家は手狭のうえに粗末であった。南らにとり、明治政府から支給された月額一二ポンド（当時の日本円にして一二〇円ほど）の留学費のうち八ポンドも下宿代として引かれたのに、その待遇といえば、狭い一室に押し込められたうえに、相応の食事を賄われることがなかった。しかも、一杯のウィスキーすら口にすることを許されなかったというのであるから、彼らはすこぶる不自由を感じていた。数か月たつと、ようやく土地の事情に通じてくる。そうなると、待遇がはなはだ不当であることを看破し、「大枚八磅の下宿料を支払ひながら、斯る不都合なる賄を受くるのみか、万事に干渉さる、こそ愚の極みなれ、断然転居すべし」という南の発案で、とうとう下宿を変わることにしたのであった。

　もっとも、すんなりことが運んだわけではない。彼らは、日本人留学生の後見人ともいうべきマセソン商会とのあいだで、のべ四〇回、実に三か月にわたって、転居の許可を取りつける書簡をやり取りしたのだった。

「再三の御手紙なれども、諸氏の身の上に就ては、御本国の先輩より、懇々御依頼の次第もあれば、当商会に於ては、徳義上監督者なき下宿屋へ任意に転居せしむることに同意する能はざる」というマセソン商会の回答に対し、折り返し、南らは「年齢既に二五歳を重ね、経歴は本国に於て大学をも卒業せしものなれば、一々子供の如く御干渉下さらずとも、貴意を労するが如きことなきを確信せり。」と言い放ち、ついに転居を断行したのだった[52]。その転居先が先述のマークランド・テラス一八番であった、と考えられる。

五　南清記念奨励資金

（一）鉄道事業の功労

南清は、四年間の留学を終えて一八八三（明治一六）年二月二日帰国する[53]と、鉄道事業に関与し顕著な実績を残した。

最初は工部省鉄道局に奉職するが、一八九〇（明治二三）年に辞職し、鉄道の技術者、経営者、さらには鉄道民営論を展開した論策家として活躍し、日本鉄道史上に特異な位置を占めている。具体的にいえば、山陽鉄道技師長をへて、阪鶴鉄道ならびに唐津鉄道の社長として私鉄企業の経営にたずさわった。一八九六（明治二九）年には、「筑豊鉄道の技師長兼運輸課長の村上享一と協同で鉄道工務所を大阪に起こ《ママ》し、測量、設計、工事監督、外国注文、運輸上の商議等の業務を内容とした」[54]。

一方、『鉄道経営の方針』（明治三二年）を上梓して、急曲線・急勾配の是正、複線化、橋梁の強化など技術面の改善策を提示したにとどまらず、政府の鉄道政策を批判し「自由競進《ママ》こそが鉄道発展の原動力」であることを説いた。『鉄道経綸の刷新―帝国縦貫鉄道の成立』（明治三五年）、『鉄道経営策―北陸幹線の整理』（明治三六年）といった、村上享一（一八六六―一九〇六）との共著では、全国鉄道体系を構想している[55]。日本工学会の雑誌『工学叢誌』には、「鉄道論」「東海道鉄道」「天龍川鉄橋質疑ノ答」「東海道鉄道幹線」といった論説および報告（雑録）を発表している[56]。

（二）「南清及村上享一記念奨学資金」

南清のこのような鉄道事業の功労を記念した奨学金がある。「南清及村上享一記念奨学資金」と称して、鉄道工務所の創立者である南清および村上享一を記念した奨学金である。一九〇七（明治四〇）年一二月、南榮および村上輿一郎より寄贈された「整理公債證書額面一万円」をもとに創設されたもので、その利子をもって東京帝国大学「工学部土木工学ニ於ケル研究及奨励ノ費途」にあてられた(57)。同大学評議会では、一九〇七（明治四〇）年一二月三日に審議され、次のように記録されている。

故南工学博士及故村上工学士記念ノ為メ整理公債額面金壱万円工科大学土木学奨励賞品購入費（利子ヲ以テ）トシテ大阪市鉄道工務所速水太郎ヨリ寄附出願ノ件ハ受領スルコトニ決ス(58)。

ちなみに、村上享一は東京帝国大学工学部土木工学科を一八八八（明治二一）年七月に卒業後、山陽鉄道に入り技師長だった「南清のもとで線路建設にあたる。のち豊州鉄道の技師をへて、南とともに大阪で鉄道工務所をひらく。諸鉄道の設計・測量などをうけおい、技師長、顧問として工事に参画した」(59)。一九〇九（明治四二）年には『南清伝』を上梓してもいる。

注

（1）三好信浩『日本教育の開国、外国教師と近代日本』福村出版、一九八六、七六頁。
（2）同右、一一五頁。
（3）同右、七六頁。
（4）「遺欧学徒ヲ撰挙スル事」「留学国々修学ノ科目ノ事」『三条家文書』八十一（国立国会図書館憲政資料室蔵）所収。岩倉具綱「遺欧学徒ヲ撰挙スル事」明治三年一二月二五日（日本科学史学会編『日本科学技術史大系、第七巻・国際』第一法規、一九六八、三五一三六頁にも所収）。

（5）旧工部大学校史料編纂会編『旧工部大学校史料』虎之門会、昭和六、三五三―三五五頁。

（6）同右、一三七頁。渡辺實『近代日本海外留学生史』上、講談社、昭和五二、四〇九―四一〇頁。

（7）「工部大学校」『工部省自十二年七月至十三年六月　第五回年報書《ママ》　下』（国立公文書館蔵）所収。*Imperial College of Engineering (Kôbu-Dai-Gakkô), Tôkei, Calendar, Session MDCCCLXXX-LXXXI*, Imperial College of Engineering, Tôkei, 1880, p.CLIII.

（8）「工部大学校生外国江派遣留学之義ニ付伺」『公文録　工部省之部　全　明治十二年十一月十二月』所収。「工部大学校生徒外国へ派遣留学之義ニ付伺」旧工部大学校史料編纂会編『旧工部大学校史料』（前出、一三五―一三六頁）にも再録。ただし、記述には異同が認められる。

（9）村上享一『南清伝』速水太郎、明治四二（野田正穂ほか編『明治期鉄道史資料　第五巻　鉄道家伝（一）南清伝　他』日本経済評論社、昭和五五、に再録。以下省略）一二―一九頁、および前掲の注（7）。

（10）「海外旅券下付（附与）返納表進達一件（含附与明細表）」（外務省外交史料館蔵）。

（11）*L'Echo Du Japon*（9 Fév. 1880）p.2. 同紙掲載の「乗船者名簿」には次のようにある。

「Par le vap. franç. *Volga,* pour Hongkong:

Mess. A. Conil. agent principal de la Cie. M. M., Bougouin, Dybowsky, Godet, Ayaphiko《ママ》 Ishibashi, Lein《ママ》 Krimoto, Fouyouhitchi《ママ》 Obara, Linzaburo Shida, Kingo Tatsouwo《ママ》, Namoto《ママ》 Takayama, Kiyoshi Minami, Shinitchiro Arakawa, Kizo Kondo, Yakitchi《ママ》 Takaminé, Shinrocro Miyoshi et A. P. Ferretti.」

ほかに、*The Japan Weekly Mail*（14 Feb. 1880）p.216, *The Japan Daily Herald*（9 Feb. 1880）p.2, *The Japan Gazette, Morning Supplement*（9 Feb. 1880）p.1, も参照。

（12）白鳥省吾編『工学博士辰野金吾伝』辰野葛西事務所、大正一五、三一―三二、九三―一〇一頁。

（13）拙稿「グラスゴウと明治日本―ストラスクライド大学における日英交流―」、日本英学史学会『英学史研究』四二号（二〇〇九年一〇月）一六―一八頁。北政巳『スコットランドと近代日本、グラスゴウ大学の「東洋のイギリス」創出への貢献』丸善プラネット、二〇〇一、とくに第一章・第二章・第五章参照。

（14）University of Glasgow, *Class Catalogues Session 1876-77*, Robert Maclehose, Glasgow, 1877, pp.25-26, 32-33, 36 ; University of

Glasgow, *Class Catalogues Session 1877-78*, Robert Maclehose, Glasgow, 1878, pp.44, 68.

（15）*The Glasgow University Calendar for the Year 1877-78*, James Maclehose, Glasgow, 1877, pp.215-216, 219; *The Glasgow University Calendar for the Year 1878-79*, James Maclehose, Glasgow, 1878, pp.179, 190, 199. 北政巳『国際日本を拓いた人々』同文舘、一九八四、一八二—一八三頁。英国留学生監督・正木退蔵による『年報』には、両名の優秀な成績、さらには実地修業についての報告がみられる。『文部省第五年報』第一冊、明治一〇、一六六—一六七頁。『文部省第六年報』明治一一、三六三—三六四頁。『文部省第七年報』第一冊、明治一二、四〇二—四〇三頁。

（16）北政巳『国際日本を拓いた人々』同右、一八五—一八六頁。信太克則『先見の人　志田林三郎の生涯』ニューメディア、一九九七、その他。

（17）University of Glasgow, *Matriculation Album*, Session 1800-81, No. 900（Glasgow University Archives 蔵）、同登録証等を発掘した先駆的研究に、北政巳『国際日本を拓いた人々』（同右）がある。

（18）*Glasgow University Album, Session 1800-1*, No.900（Glasgow University Archives 蔵）。

（19）University of Glasgow, *Class Catalogues Session 1880-81*, Robert Maclehose, Glasgow, 1881, pp.37, 47-48.

（20）Thomson, W. & Tait, P. G., *Elements of Natural Philosophy*, Cambridge U. P., Cambridge, 1872; Do., *Treatise on Natural Philosophy*, Cambridge U. P., Cambridge, 1879, ほか。

（21）以上の授業内容は、*The Glasgow University Calendar for the Year 1881-82*, James Maclehose, Glasgow, 1881, pp.212-214 に詳しい。

（22）村上亨一『南清伝』前出、三九頁。

（23）*The Glasgow University Calendar for the Year 1880-81*, James Maclehose, Glasgow, 1880, pp.47-48, 51-52.

（24）北政巳『国際日本を拓いた人々』前出、一八七頁。

（25）*The Glasgow University Calendar for the Year 1881-82*, op. cit., pp.213-215.

（26）*The Glasgow University Calendar for the Year 1882-83*, James Maclehose, Glasgow, 1882, p.207; 北政巳『国際日本を拓いた人々』前出、一八四頁。

（27）University of Glasgow, *Class Catalogues, Session 1880-81*, op. cit., pp.47-48; *The Glasgow University Calendar for the Year 1881-82*, op. cit., pp.212-214.

（28）'Glasgow University, Capping Ceremony', *The Glasgow Herald*（30 April 1881）p.7; *Glasgow British Daily Mail*（30 April 1881）p.3.

(29) 'Glasgow University, Capping Ceremony', *The Glasgow Herald*, ibid.

(30) 真野文二「高山直質氏之小傳」『工学会誌』五三巻（明治一九年五月三一日）一〇六七―一〇六八頁（社団法人日本工学会編『復刻版　工学叢誌・工学会誌』雄松堂出版、昭和五八、を活用）。

(31) University of Glasgow, *Class Catalogues, Session 1886-87*, Robert Maclehose, Glasgow, 1887, pp.32, 35, 42. その学業成績は下記のとおり（*The Glasgow University Calendar for the Year 1887–88*, James Maclehose, Glasgow, 1887, op. cit., pp.277, 279）。「自然哲学」一番、「数学」二番、「土木工学・機械学」二番、ハーヴェイ賞（一番）およびウォーカー賞（三番）受賞。

(32)『朝野新聞』明治一四年六月二六日、一頁。

(33) 三好信浩『ダイアーの日本』福村出版、一九八九、一五〇―一五一頁。Venables, P. F. R., *Sandwich Courses for Training Technologists and Technicians*, Max Parrish, London, 1959, pp.13–14: Do., *Higher Education Developments: The Technological Universities 1956–1976*, Faber and Faber, London & Boston, 1978, p.93.

(34) Taylor, W. L., 'Origin of the Sandwich System', *Engineering*, Vol.181, No. 4700（6 April 1956）p.164; Small, J., 'First Sandwich', *The Technology*', 2-8（Oct. 1958）p.238.

(35) Institution of Civil Engineers ed., *Engineering Education in the British Domains*, Institution of Civil Engineers, London, 1891, p.48.

(36) *The Glasgow University Calendar for the Year 1878-79*, op. cit., p.51.

(37) *The Glasgow University Calendar for the Year 1880-81*, op. cit., p.55, その他。

(38) 村上享一『南清伝』前出、三八頁。

(39) *Post Office Glasgow Directory for 1880–1881*, William Mackenzie, Glasgow, 1880, p.356.

(40) 村上享一『南清伝』前出、三八頁。ホルサムは一八七三（明治六）年九月より一八八二年二月まで雇用される。京都・敦賀間の測量、中山道や尾張線の測量、「さらに京都・神戸間の鉄道建設を分担するなど、関西の鉄道建設に参加していた。その間、大阪工技生養成所の教師として技師の養成にも力を入れ、とくに現場の日本人機関士の養成に努め、優秀な機関士を育てている」（山田直匡『お雇い外国人④交通』鹿島研究所出版会、昭和四三、一八〇頁）。

(41) 村上享一『南清伝』同右、三八頁。

(42) 同右、三九頁。

(43)「工部大学校学課並諸規則」第一章第二節（明治一〇年三月）、旧工部大学校史料編纂会編『旧工部大学校史料』前出、二二二頁より再引。

(44)「明治十年七月一日生徒現員」『工部省　第三回年報　自明治十年七月至同十一年六月　中』所収。「明治十一年度中出張生徒調書」『工部省第四回年報　工作・燈台・営繕二』所収（国立公文書館蔵）。

(45) Dyer, H. *The Education of Engineers*, Imperial College of Engineering, Tokei, 1879, p.2.

(46) Dyer, H. *Dai Nippon, the Britain of the East*, Blackie & Son, London, Glasgow & Dublin, 1904, pp.426-427（平野勇夫訳『大日本、技術立国日本の恩人が描いた明治日本の実像』実業之日本社、一九九九、五〇八頁）; Do.,'The Training and Work of Engineers in Their Wider Aspects: Introductory Address: by Henry Dyer, Glasgow Technical College Scientific Society, October 21st 1905', *Transactions of Glasgow Technical Scientific Society*, Vol.2 (1905) pp.10-11.

(47) 志田林三郎は「18 Markland Terrace, Hillhead, Glasgow」と、高山直質は「18 Markland Terrace, Hill Head」と届け出ている。Glasgow University, *Matriculation Album*, Session 1880-81, No.1817, および No.904 (Glasgow University Archives 蔵)。

(48) 村上享一『南清伝』前出、三一—三二頁。

(49) *Post Office Glasgow Directory for 1880-1881*, op. cit., p.121 ; *Slater's Royal National Commercial Directory of Scotland*, Isaac Slater, Manchester, 1882, p.23.

(50) ジャーディン・マセソン・アンド・カムパニー（ジャパン）リミテッド編『日本に於ける百年　英一番館　安政六年—昭和三四年』ジャーディン・マセソン・アンド・カムパニー（ジャパン）リミテッド、昭和三四、一四—一六、二一—二四頁。三好信浩『日本工業教育成立史の研究』風間書房、一九七九、一九—二三頁。

(51) 村上享一『南清伝』前出、三一頁。北政巳『国際日本を拓いた人々』前出、三六頁。兼清正徳『山尾庸三傳』山尾庸三顕彰会・山尾眞理子、二〇〇三、四七頁。

(52) 村上享一『南清伝』同右、三二—三四頁。

(53) サンフランシスコ発のアメリカ蒸気船シティ・オブ・ペキン号（City of Peking, 五〇七九トン）で帰国したと推定される。'Shipping Intelligence', *The Japan Weekly Mail* (3 Feb. 1883) p.79, 参照。

(54) 社団法人日本鉄道協会鉄道先人録編集部編『鉄道先人録』日本停車場株式会社出版事業部、昭和四七、三四五頁。

(55) 村上享一『南清伝』前出。社団法人日本鉄道協会鉄道先人録編集部編『鉄道先人録』同右、三四四—三四六、三五二頁。老川慶喜「解題『南清伝』他」、野田正穂ほか編『明治期鉄道史資料　第五巻　鉄道家伝（一）南清伝　他』前出、三—四頁。大植四郎編『明治過去帳〈物故人名辞典〉』東京美術、昭和四六、七〇五―七〇六頁。

(56) 南清「鉄道論」、「天龍川鉄橋質疑ノ答」、「東海道鉄道幹線」『工学叢誌』七九巻（明治二一年七月）六八七頁、九一巻（明治二二年七月）四七七―四七八頁、一〇三巻（明治二三年七月）三三一―三五六頁（社団法人日本工学会編『復刻版　工学叢誌・工学会誌』前出、を活用）。

(57) 東京帝国大学『東京帝国大学一覧　従大正九年至大正十年』東京帝国大学、大正一〇、五四一頁。東京大学『東京大学一覧　自昭和十八年至昭和二十七年』東京大学出版会、昭和二八、四〇五頁、など。本史料については、滝沢正順氏（東京大学工学部図書室）のご教示による。同奨学金は「昭和二七年段階で継続されている」（東京大学百年史編集委員会編『東京大学百年史　資料三』東京大学出版会、昭和六一、三一三頁）が、いつまで存続したかは不明。ちなみに、これ以後の『東京大学一覧』に奨学金一覧は掲出されていない。

(58) 東京帝国大学『自明治四十年一月至明治四十一年十二月　評議会記録　乙第十五号』四三―四四頁（東京大学情報公開室蔵）。

(59) 上田正昭ほか監修『講談社日本人名大辞典』講談社、二〇〇一、一八八二頁。

第六章　一九世紀末における一医学徒のドイツ留学
―佐多愛彦における「医育統一論」の成立―

吉川　卓治

一　はじめに

一九世紀末のドイツに日本から留学した医学研究者のなかに、佐多愛彦なる人物がいた。佐多は、一八七一（明治四）年、鹿児島に生まれ、鹿児島県医学校で学んだ後、帝国大学医科大学の選科を卒業した。市立富山病院の医員などを務め、一八九四（明治二七）年から大阪医学校の教諭として勤務していた。一八九六（明治二九）年に大阪府会が医学校教諭の洋行案を可決し、翌年、府費によって彼のドイツ行きが実現した。大阪医学校は、帰国後に校長に就任した佐多の主導で大阪府立高等医学校と改称し、一九一八（大正七）年に制定された大学令のもとで初めての公立大学である大阪医科大学に昇格した。佐多が離れた後、同大学は、一九三一（昭和六）年に大阪帝国大学の創設とともにその医学部となり、現在の大阪大学医学部へとつながっていく。

佐多は、大学昇格運動をリードする一方、「医育統一論」を主唱したことで知られている。「医育統一論」の趣旨は、次の文章に集約できる。

潜に按するに人命に尊卑なし、王侯貴人の体と田夫野老の体と其生を稟け世を終るに於て異なることなし、民生救助を任とし平等普偏《ママ》を職とする医師たるものに於て、其上流に処するものと下界に交るものと、其学識に於て其処置に於て焉んぞ懸隔あるを許さんや、之れ実に医育制の一級たるへくして数級多岐なるへからさる所以なり(1)。

人命には尊卑が無いにもかかわらず、その命を預かる医師の養成ルートに、中学校卒業後三年間の高等学校を経由して入学する大学と、中学校卒業後、直接入学することができる医学校（一九〇三年以降は医学専門学校）という二つがあることはおかしいので「一級」に統一するべきであるという主張である。これは、やがて文部省の受け入れるところとなり、その後、曲折を経て、帝国大学のほかに公私立大学や単科大学を認める大学令が制定される一つの契機となった。

右に述べてきたことからもわかるとおり、「医育統一論」は、高等教育制度に大きな改革をもたらすことになった一つの重要な論拠であった。では、佐多はどのようにして「医育統一論」を構想するにいたったのだろうか。これまでの研究では、地方医学校―東京帝国大学医科大学の選科という「傍系」出身という経歴が重視されてきた。「傍系」出身ゆえに「正系」へのコンプレックスがあり、その克服を目指したに違いない、というのである。しかし、そのことは、動機の一つではあったとしても、それだけですべて説明できるわけではない。

そこで、改めて注目したいのは佐多が「医育統一論」を発表した時期である。佐多が初めて「医育統一論」を唱えた論文「医育論」を発表したのは、一九〇二（明治三五）年一月一日付の医学総合雑誌『医海時報』だった。したがって、遅くとも前年中にはそれが完成していたものとみられる。佐多は、一九〇〇（明治三三）年七月に帰国するまでの三年間ドイツに留学していた。この留学が大きな意味をもったことは間違いない。実際、一九四〇（昭和一五）年に刊行された『佐多愛彦先生伝』（以下『伝記』と記す）は、彼がこの留学中に「欧羅巴大学の歴史並に制度等に関して、特別の興味を持つに至つた」ことが「医育統一論」を生み出すことにつながったと記している[2]。だが、それだけで必要十分だったとは考えにくく、さらに検討を深める必要がある。

本章は、『伝記』に加えて、佐多が留学中に日本に送った書簡を基本的な資料として用いる。書簡は、『東京医事新誌』という医学雑誌に断続的に掲載されており、後にその多くが田中祐吉『医事断片』（一九〇二年刊行の増訂三版）に「附録　在独雑感」と題して再録される。後者には、前者では目にすることができない、留学初期の手紙も含まれている。田中は、大阪高等医学校病理学教室の助手を務めていたが、佐多の留学に伴い、助教諭に昇進してその留守を任された人物だった[3]。田中によれば、書簡は「東京医事新誌局」に宛てたものであったとされ[4]、したがって初めから公開を前提に執筆したものであったと考えられる。本章は、『伝記』の記述や書簡などから留学中の生活と学びを浮かび上がらせ、それを手がかりとして、佐多が「医育統一論」を構想するにいたった具体的な背景を考察することを課題としている。

二　留学時代の生活と学び

（一）ベルリンでの生活と学び―一八九七年一〇月～一八九八年三月―

一八九七（明治三〇）年五月一〇日、佐多は、大阪医学校の教諭兼眼科医長今居真吉とともに神戸港を出帆しヨーロッパに向かった。船は、およそ五〇日をかけて香港、シンガポール、ペナン、コロンボ、ポートサイド（エジプト）を経て、フランスのマルセイユの港に接岸した。マルセイユからは汽車でパリを経て目的地ベルリンに到着した。佐多は、市内に住む機械技師の家に寄宿し、大学が始まるまでドイツ語の学習に励んだ。一〇月下旬、佐多は、ベルリン大学に細胞病理学の世界的権威であるルドルフ・ウィルヒョウ（Rudolf Virchow）を訪ね、その指導のもとで研究を行ないたいと申し入れ許可をえた。

佐多の『伝記』には、ウィルヒョウの詳細な紹介はあるが、佐多とのかかわりについて、留学前から、ウィルヒョウ編纂の『ウィルヒョウ宝函』の精読・日本への翻訳紹介を寄稿しており「常に此の世界的大学者に景仰の念を抱いてゐたが、今眼の辺り、その俊英なる風丰に接して、胸中云ふべからざる愉悦を覚えた」こと、その「講莚に列し、傍らその実習に参加する」ためにベルリン大学に入学したこと、しかし、ウィルヒョウが多忙だったため「血管の内皮細胞に関する研究のテーマ」を授けられ「その研究に就ての端緒は得たものゝ、その課程は遅々として進まなかった」こと、以外にはあまり触れていない(5)。

しかし、佐多がドイツから日本に送った書簡には佐多からみたウィルヒョウの姿や彼とのかかわりが詳しく述べられている。それによると、ウィルヒョウは、佐多に研究を許可しただけでなく、直ちに研究の場所を与え、「其翌々日小生の場所に来り一般のことは研究するに及はす、直に一問題に就て特に研究せよとて一問題を授け」られたという(6)。佐多は、ウィルヒョウが「教室に留まること長からずと雖ども然ども一日も来らざること無く又正課の講義を欠くこと一日も無し、開業医試験は無論自ら試行」し、自ら蒐集した標本はすべて自分でラベルを貼付していたと記すなど、その勤勉さに注目している。同時に、標本を多数用いて実証的に進める授業や標本の慎重な扱い方に目を見張っている(7)。

その一方で、佐多によれば、ウィルヒョウが講義には必ず遅刻するうえ、終了時間を延長するため、学生たちは授業終了後すぐに出られるよう教室出口に集まって座っていたという。ウィルヒョウがこれに気づいて「余は一個の歌妓に非ず、諸君は唯た余が声を聴かんと欲する者に非ざるへし、諸君は余の声を聴き又余が黒板に何を画くかを見て何を論ずるかを解せざる可からず、諸君は唯た余を聴くに満足すべからず、請ふ余が前に来れ」と学生を困らせたこと、居眠りをしている学生に「足下斯く睡眠を催さば何ぞ安んじて眠らざるや」と叱りつけ、他の学生が笑うと、今度はそれを制して、その標本が稀有のものであることに注意を促し「斯る珍奇の標本は諸君の一生中或は再び遭遇し得ざる者もあらん、諸君は少くとも余に向て感謝の意を表すべきに何事ぞ斯くは笑ふにや」と語ったなどといったエピソードを克明に伝えている[8]。

しかし、佐多がもともと短期間でベルリンを離れる考えであったこと、ウィルヒョウが「老年のことと云ひ且つ諸方に処用多き繁忙の身なれば、流石に定時の講義は決して欠かる、こと無しと雖とも教室に留まること誠に短く先生の実験室に於て研究する者の不利尠らず」ということから、佐多は半年後、ウィルヒョウの許可を得たうえで、フライブルク大学のエルンスト・ツィーグレル（Ernst Ziegler）のもとに移ることを決意した[9]。

(二) フライブルクでの生活と学び―一八九八年三月～一八九九年八月―

佐多は、一八九八年三月下旬にフライブルクに到着した。そこで当地に滞在中の大沢岳太郎と中西亀太郎と面会した。なかでも大沢との邂逅は重要である。大沢は、一八六三（文久三）年生まれの比較解剖学者で、この直後に帰国し、帝国大学医科大学教授に就任する。後に佐多の「医育統一論」と同趣旨の論文を発表し[10]、一九〇八（明治四一）年一〇月に大沢謙三、入江達吉ら、同じ医科大学の有志と諮って、「医育統一」と医学専門学校の大学への漸次昇格について、当時の小松原英太郎文相に建議することになるが[11]、そこには佐多との交流が関係していたのではないかと推察される。

さて、ツィーグレルは佐多を歓待し、一室を与えて到着の数日後から研究ができるように配慮してくれたという[12]。佐多によれば、ツィーグレルこそ「学界をしてウィルヒョウ後、若し彼の門下より其任を継く者無くんば撰は必ずチーグレルに落ちんと評せしむるに到る」[13]といわれるほど高い評価を得ていたとされる。

佐多は、もともと「最初の半年は観察批評の時たるべし、中の二年は実行研究の為めに費さん、残れる半年は再び遊覧漫歩の期たるべし」という計画をもっていた。その「中」の時期、佐多は「病理学と菌学を結ひたる研究に汗を流せしより一年を卒へ、最早や実行研究と期したる中期の半ばをも過ぎたり。烏兎匆々故郷を想はん暇も無く」と、自らに課した研究にいかに没頭したか、述べている(14)。その成果は、二〇〇頁にわたる長論文となり、『チーグレル・バイトレーゲ』の別冊として刊行されることになった(15)。

ただし、研究室に引きこもってばかりいたわけではなかった。一八九八年の夏には一か月余りをかけて、スイスのベルン、チューリヒの大学を訪れ、またイタリア北部から南ドイツをめぐってミュンヘン、ヴュルツブルク、ハイデルベルクの大学を縦覧したという。これらの大学について「何れの大学を見ても北独乙より南独乙迄病理学教室の設備に至りては別に大差なく唯だ標本の硬化法、実験室の準備抔少差あるのみ」という感想を述べている(16)。この頃から他大学を精力的に見学して回っていたことがわかる。

大学への関心は、別の書簡にもうかがうことができる(17)。そのなかで佐多は、「此年〔一八九九年〕報導《ママ》の価値ある二個の事実大学界に現はれたり」と伝えている。一つは、従来、ドイツの大学は女性に聴講を許すにとどまっていたが、「婦人論の気炎」が学界を動かし「ギーゼン大学第一着に女子学生を許可しストラスブルグ大学最後に之れを容れ今は全国の大学到る処女子に門戸を開放」することになったことである。佐多は、この事実を記した後、先進国たるドイツに例がないことを理由にして女性に門戸を閉じてきた日本の大学は、「果して此気風大学及教育界の一問題となること遠からざる可きや、否や」と問いを投げかけた。

もう一つは、「従来、大学以下に位して学位を授与せられざりし工科高等学校の卒業生にして一定の論文を認め大学に提出する時は「工学士」の学位を大学より授与する事を伯林大学卒〔率〕先して許容したり」ということだという。佐多は、ドイツの大学と「工科高等学校」との違いが日本の大学と高等学校医学部との違いに対応しているとし、「流石に頑固なる当国の学者連も普通学基礎の上に数年の差ある高等学校〔医学部〕の卒業生に卒業研究の成績に依りて学士たることを得せしむ、其度量独り自己の大学をのみ高しとせざる処、公平なりと云ふべし、吾人は我国各地の高等医学校が医科大学の名を冠せられんことの一日も速からんことを望む者なれども此一事の実行若し尚ほ急変の望無しとすれば希くば大学の先進諸氏単だ普通学三年の差を以て英才を持腐れにする我高等医学校の卒業生を救ふの道として卒業後一定の研究を遂げ論文を大学に提出したるものには直に学士の学位を授くるの道を撰ばれたらんには独り羊群の一虎を抜くの為めならず、之れに依て各学校、研究の気炎を挙ぐること大なるべしと信ず」と述べた。日本の医学専門学校の大学昇格を望んでいるが、それが早期に認められないなら、論文提出により学位授与を認めるようにすれば研究が一層盛んになるだろうというのである。佐多は、ドイツの事例を紹介しながら日本の大学制度の改革を提案したのである。

（三）イエナ訪問から帰国まで―一八九九年八月〜一九〇〇年五月―

佐多は、一八九九年八月末にフライブルクを発ってチューリヒに滞在した後、オーストリアのチロル地方の旧都インスブルクに泊まって大学を見学。その後、イエナを訪れた。佐多は、当地からの書簡[18]で次のように述べる。「我は欧洲洒落の都たる維納〔イエナ〕に足を停む、演劇を見たり、音楽を聞けり、華洒なる維納美人を見たり、左れど茲は我が目的に非ず。我の茲に来りしは本世紀病理解剖振興の祖たるロキタンスキーが集めたる有名の標本を見んが為めなり」。著名な病理解剖学者だったカール・ロキタンスキー（Karl Rokitansky）が蒐集した標本を見るために当地を訪れたというのである。

そのうえで佐多が次のように語っていることは見逃せない。すなわち、ロキタンスキーが、研究者であっただけでなく、「非凡なる経世の意見を有し実行の手腕に富みたる英物」でもあったと述べ、「維納大学に於て大学総長を撰挙

する の制を定め」たこと、また「此時に到る迄、澳国〔オーストリア〕他府の大学は高等学校として未だ以て維納大学と同等の権理を有せざりしに彼の発議に於てインスブルクの如き又グラーツの如き大学の資格を得るを能ひたりき」という。ここでは「医育統一」ということばは使用していないものの、ロキタンスキーのイニシアティブによって進められつつあったドイツにおける「医育統一」の動向を指摘しているのである。実際、佐多は、帰国後、ロキタンスキーに言及した論文のなかで、彼がイエナ大学総長を務めた後、国務省に入って「学制を改革して医育を統一」[19]したと紹介することになる。

佐多は、九月下旬にはミュンヘンから書簡を寄せている[20]。そこでは、九月一九日に当地で開催された病理学会でのツィーグレルとの共同研究の発表のことや、ウィルヒョウとの再会を伝え、「先生は相別れて既に一年を過ぎたれども能く我を知りて懇情溢るゝが如く、実に謝するに辞無かりき」と述べている。そして、九月二五日にミュンヘンを発って久しぶりにベルリンに戻った佐多は、ベルリン大学に新築された病理学教室の標本室を見学した。そして、「伯林に来りしは主として「ウイルヒヨウ」の為めに新築せられたる標本室を見んが為め」だったとし、それを見学した感想として「其集められたる標本の数或は倫敦〔ロンドン〕のに劣らんも、其内容の価値に至ては、恐くは世界第一なるべし。ウイルヒヨウ氏万歳万々歳」と記すのだった[21]。

一〇月下旬に送られた書簡によると、佐多は一〇月二七日にベルリンからフライブルクに戻ったという[22]。再び研究漬けの毎日が始まった。一九〇〇年四月の書簡[23]は「フライブルクの学窓に引篭」って病理組織内脂肪の研究やペスト菌の研究に従事していたことを伝えている。そのなかで、来る三月にイタリアのナポリで開かれる結核予防国際会議で「混合伝染の結核症状及経過に及ぼす影響」なるテーマのもとに演説するよう招請されたと述べ、「是迄邦人が斯く国際学会に宿題演説の依頼を受けたるの例は余り多からざること」と誇らしげに語っている。そこで繁忙のなかナポリに出かけることにしたとして「大凡二週間滞在傍ら以太利の重なる大学をも視察致度く存居申候」と述べている。学会発表の大役の傍ら大学の視察を計画していたことがわかる。

四月二二日にフライブルクを発って二四日にナポリに入った。ナポリからの書簡[24]では、国王、皇太子の臨席のほかに「此学会の最栄としたるはウイルヒヨウ先生が老躰を以て遠路を辞せず出席せられたるの一事なりき」「我部門一同殊に小生の最も悦びたるはウイルヒヨウ先生が自ら出席して部長の椅子により我等の演説を傾聴せられたるの一時な《ママ》りき」と記している。ウィルヒョウに対する尊敬の念は一貫していたのである。

佐多は、この後、フローレンツ、ボローニャなどの都市を観光した後、フライブルクに戻り、それからパリを経由してロンドンから五月二五日に神奈川丸に乗船して帰国の途に就くことになる。

三　「医育統一論」とウィルヒョウの影響

（一）医師・政治家・人類学者としてのウィルヒョウ

これまで述べてきたように、佐多はドイツを中心としたヨーロッパでの初めての留学中、大学制度に注目し、いくつかの大学を視察して、大学改革の動向を書簡で伝えていた。この成果は、「医育論」に生かされていく。だが、このとき得た知見は制度論には資するが、それをいくら積み上げても「人命に尊卑なし」ゆえに「其上流に処するものと下界に交るものと、其学識に於て其処置に於て焉んぞ懸隔あるを許さんや」という「医育統一論」を支える原理には結びつかない。では、佐多は、これをどこから得たのだろうか。その手がかりは、佐多が最初に師事したウィルヒョウに見出すことができる。

もちろん、佐多がウィルヒョウのもとで学んだのは半年に過ぎず、しかもベルリンを離れて向かったのは、ウィルヒョウに「反行する一派」の「先頭の学者」と目されるツィーグレルのもとであった。しかし、すでにみたように留学中からウィルヒョウへの崇敬は繰り返し表明されていた。しかも、それは帰国後も変わることはなかった。一九〇二年、ウィルヒョウ死去の報に接して大学医学会の席上で行なった弔辞に加筆し、『大阪医学会雑誌』に載せた二六頁にも及ぶ長大な追悼論文では、「先生ノ教ヲ奉シテ斯学ヲ専攻シ」ただけでなく、自分の「思想ノ根本唯タ之レヲ先生ニ負フノミ」(25)と述べるほどであった。

佐多が留学した当時、一八二一年生まれのウィルヒョウは、病理学の世界的権威としてその地位をすでに確立していた。一九五三年に彼の伝記をまとめたアッカークネヒト（Erwin H. Ackerknecht）は、ウィルヒョウが「生命の基本単位は生体の自己再生産性細胞であり、病理学は細胞の変化を中心に研究すべきであるという考え方」を打ち出した細胞病理学を立ち上げただけでなく、一八六一年以降、プロシア議会議員となって、当時「鉄血宰相」として知られた「ビスマルクに対抗する反対党のリーダーとなり、ドイツ民主主義を象徴する一人として死ぬまで精力的に戦った」こと、さらには人類学者としても多大な業績をあげたことを紹介し、いずれの分野においても「非凡」であったと評価している(26)。

そのなかで今日もっともよく知られているのは彼の病理学者としての業績だろう。しかし、アッカークネヒトは、それとても「彼が医学で成し遂げたことのほんの半分にすぎない」(27)として、そのほかに「「集団療法」、公衆衛生、予防医学」に大きな功績をあげたこと、ウィルヒョウ自身もこの方面の仕事を重視していたことを指摘している。佐多は、こうした社会医学にも深い関心をもっており、そこにもウィルヒョウの影響がうかがわれる(28)。

(二)「社会科学」としての医学と「医育統一論」

ウィルヒョウが「社会科学」としての医学に関心を広げた契機となったのが、一八四七年から翌年にかけてチフスの流行に苦悩していたシュレジエン地方（現ポーランド領）南東部のオーバーシュレジエンで彼が政府の命を受けて取り組んだ調査だった。ウィルヒョウ自身、一九〇一年に行なわれた八〇歳の誕生祝いへのお礼として書いた回顧文のなかで「私は気ままにあれこれ手を出したのではない。決定的だったのは一八四八年初プロシア厚生大臣の命で派遣された調査であった。〔……〕この流行の原因を解析した結果、最大の悪は社会の不正から生じていること、そしてこれら社会の不正と戦うには社会を根底から改革する以外に方法はないと確信するようになった」[29]と語っている。そのように「決定的」な影響を与えたオーバーシュレジエンでの調査とはどのようなものだったのだろうか。その報告書を市野川容孝が詳細に検討している[30]。以下、それに依拠しながらまとめていきたい。市野川によれば、「悪天候、食糧不足、化学的腐敗から発生するミアズマ〔有機物の腐乱や多湿から生じると考えられていた有害な気体〕、不衛生な住宅」が「複合して「諸条件」となり、かつ、その下で人びとの身体に生理学的法則にのっとった変化が生じるとき、チフスは発生し、流行するのだ」とウィルヒョウは結論づけているという。なかでも「劣悪な社会状態」が強調された。なぜなら「粗末な住居に密集して生活している貧しい人びと、つまり地方部の労働者階層が、最も多くこの病気の犠牲になった」からである。そこで、そうしたチフスの流行に対処するためにウィルヒョウは社会状態の改革こそが必要だと考えたのである。

市野川によれば、ウィルヒョウは、社会改革のための処方箋として、「完全かつ無制限の民主主義」あるいは「自由かつ無制限の民主主義」が必要だと論じ、そのために国家に一定の役割を期待することになった。彼は、産業を国有化するような社会主義的な国家を否定しつつも、他方でいわゆる「夜警国家」も否定し、国家を社会的なものに向かって再編すべきだとして次のように主張したという。「「民主的な国家」は「すべての国民の幸福」を目指し、その幸福は「各人自身の労働」によって達成されるべきものだが、国家はその前提条件となる国民各自の「健康」と「教養」を保障し、さらに増大させる義務を負う」と。

ウィルヒョウは「国家」に一定の役割を期待しただけではなかった。市野川によれば、注目すべきことに、彼の医学はさらに「国民《ナツイオーン》」とも連動していくことになったという。ウィルヒョウは、報告書のなかでオーバーシュレジエン地方のゲルマン化の立ち遅れを強調し、チフス流行の原因となった「不潔さと怠惰」がこの地域の人びとに根強く残る「下層のポーランド人」の特徴だと指摘し、彼らに何としてでも「ドイツ人の精神とドイツ人の礼節」を教え込まねばならないと唱えたのである。

佐多は、このようなウィルヒョウの考えをじつに正確に理解していた。佐多は前掲の追悼論文のなかで「其調査ハ全ク政府ノ希望ニ反シ社会制度ノ不備其原ヲ為スヲ痛歎シ政府ノ責任ヲ詰責シ長文ノ論稿ヲ公ニシテ地方人民ノ頑迷ニシテ衛生思想ニ乏シク土地一般ニ不潔ニシテ伝染病ノ危険ヲ解セス、官吏亦之ニ対シテ頗ル冷淡ナル等一々行政上ノ失当ヲ摘発シテ寸毫モ借ス処ナク、今ヤ此憐レナル人民ヲ救済センニハ決シテ地方有司ノ画策ニ一任ス可キニ非ス宜シク国民ノ気炎ヲ高メ輿論ヲ喚起シ以テ一個ノ社会問題トシテ講究ス可シト絶叫セリ」(31)と紹介している。

ウィルヒョウは、医学が一つの「社会科学」であって、国家を「社会的」なものに向けて再編していくことが必要であり、その際、医療が極めて重要な位置にあると考えていた。市野川によれば、こうした理念の実現に向けての具体的な論点の一つとなったのが「貧民医制度」であったという。これは、当時、プロイセン政府が導入していた「診療を受けるのに十分な資力のない貧しい人びとに対して、国家もしくは地方自治体が公費で医療を保障する制度」だった。しかし、公費で医療が受けられる代償として、貧民たちは地方自治体が指定する医師以外の診療を受けることが認められていなかった。ウィルヒョウはこの点を第一に問題にした。すなわち、「万人の平等という基本原理を貫徹するならば、貧民にも（自己負担で医師にかかる富裕者と同様）医師を選ぶ権利を認めなければならず、まずこの点で従来の貧民医制度は廃止されるべきだと考えた」のである。「万民の平等という基本原理」のうえに医療制度を立ち上げるという志向。これが佐多の「医育統一論」にも貫かれていることは、もはや指摘するまでもないだろう。

四　おわりに

佐多の『伝記』には「独逸留学中、欧羅巴大学の歴史並に制度等に関して、特別の興味を持つに至ったので、その帰朝に際しては、ペータージリエの『教育制度論』バウマイステルの『大学及高等学校教育論』レキシスの『独逸大学論』等此の方面の著書を多数購入し、船中に於てこれを瞥読した。先生が後年大学制度の改正並に医育統一論等を全国に率先して唱導し、自らまたこれを実行に移し、眇たる一医学校を国立大学にまで育むに至ったのは、此等の研究に負ふ所尠くない」[32]とある。確かに、「医育論」を読むと、これらの書籍や、留学中の実見によって得たヨーロッパの大学制度に関する該博な知識がその主張を支えていることがわかる。

しかし、「医育統一論」はそうした制度論的な知識だけで成り立っていたわけではない。その根本には「人命に尊卑なし、王侯貴人の体と田夫野老の体と其生を稟け世を終るに於て異なることなし、民生救助を任とし平等普偏《ママ》を職とする医師たるものに於て、其上流に処するものと下界に交るものと、其学識に於て其処置に於て焉んぞ懸隔あるを許さんや」とする、「人命」の平等と、それに基づく医師の「学識」の平等原理への確信があった。佐多はそれをドイツ留学前からの一貫した尊敬の対象であり、ドイツで実際に接しえた巨人ウィルヒョウから学んだのではないかというのが本章の結論である。

ウィルヒョウにおける「社会科学」としての医学は、国家への依存と「国民《ナツィオーン》」との連動という問題性を孕んでいた。帰国後、佐多も、都市化や工業化によって広まりつつあった結核など「社会的生活の所産たる病気は是非とも社会的に治さねばならぬ」[33]「学問に国境なし、然り学問それ自身には国境はないにしても、学者として国家に尽さねばならぬと同時に、国粋を保存し助長する上に向つて、奮励努力を要することは無論」[34]のことである、と論じていた。「思想の根本唯だ之れを先生に負ふのみ」と語る佐多は、この点でもウィルヒョウを忠実に受け継いでいたとみることができるのである。

注

（1）佐多愛彦「医育論」『医海時報』第三九五号、一九〇二年一月一日付、二頁。
（2）『伝記』一五七～一五八頁。
（3）『伝記』一〇一頁。
（4）田中祐吉『医事断片』増訂三版、半田屋医籍商店、一九〇二年、三二九頁。
（5）『伝記』一〇七～一一二頁
（6）「第一信（明治三十一年十一月伯林より）」前掲『医事断片』三三〇～三三一頁。
（7）「第二信（三十一年三月伯林より）」同前、三三三～三三九頁。
（8）同前、三四一～三四三頁。
（9）同前、三三四～三三五頁。
（10）大沢岳太郎「医育統一の急務」『医海時報』第六〇三号、一九〇六年一月一日付。
（11）「医育統一の建議」『医海時報』第七四八号、一九〇八年一〇月一七日付、四頁。
（12）「第三信（三十一年四月フライブルクより）」前掲『医事断片』三四五～三四六頁。
（13）同前、三四七頁。
（14）「第四信（三十二年五月フライブルクより）」前掲『医事断片』三四九頁。
（15）『伝記』一一三頁。
（16）前掲「第四信（三十二年五月フライブルクより）」前掲『医事断片』三五一頁。

(17)「第五信（三十二年八月フライブルクより）」前掲『医事断片』三六四～三六六頁。
(18)「第六信（三十二年九月維納より）」前掲『医事断片』三六七～三七三頁。
(19)佐多愛彦「ロキタンスキーと維納大学の振興」『医海時報』第五五一号、一九〇五年一月一日付、四頁。
(20)「第七信　九月下旬　民顕より」前掲『医事断片』三七四～三七七頁。
(21)「第八信（仝十月伯林より）」前掲『医事断片』三七八～三八〇頁。
(22)「在独逸佐多愛彦氏書信（承前）」『東京医事新誌』第一一四三号、一九〇〇年三月三日付、三七頁。
(23)「第九信（三十三年四月フライブルグより）」前掲『医事断片』三八一～三八三頁。
(24)「第十信（仝年仝月ネアペールより）」前掲『医事断片』三八三～三八六頁。
(25)佐多愛彦「ウィルヒョウ先生ヲ哭ス」『大阪医学会雑誌』第二巻第三号、一九〇二年一〇月一一日付、一三六頁。
(26)E・H・アッカークネヒト『ウィルヒョウの生涯　一九世紀の巨人＝医師・政治家・人類学者』サイエンス社、一九八四年、ⅳ頁。
(27)同前、一四六頁。
(28)例えば「文明と社会病」佐多愛彦『校舎の窓より』梁江堂書店、一九一四年、所収など。
(29)前掲『ウィルヒョウの生涯』三六頁。
(30)市野川容孝「「社会科学」としての医学（下）―一八四八年のR・ヴィルヒョウによせて―」『思想』№九三九、二〇〇二年七月。繁雑さを避けるため、以下、この論文からの引用に際し注記は省略する。
(31)前掲「ウィルヒョウ先生ヲ哭ス」一四五頁。
(32)『伝記』一五八頁。
(33)佐多愛彦「文明と社会病」前掲『校舎の窓より』四頁。
(34)佐多愛彦「学者の態度」前掲『校舎の窓より』四九頁。

第三部　日本における近代教育文化の受容と摂取

第七章　日本における授業研究の成立と展開

的場　正美

一　研究目的と研究枠組の設定

日本の教育方法を欧米との交流史の視点からみると、一八七一（明治四）年に来日し東京大学予備門の教師に雇用され、一斉授業と新しい教授法を導入したスコット（Marion McCarrell Scott）[1]、一八八七（明治二〇）年来日し、帝国大学でヘルバルト学派の教育学を講義し、日本の授業実践に影響を与えたハウスクネヒト（Emil Hausknecht）[2]、などいわゆるお雇い外国人等の功績が大きい。伊澤修二や高嶺秀夫に代表されるように、多くの若い人材が欧米へ派遣され、彼らによって、欧米の教育方法の思想が日本に紹介された。伊澤と高嶺はアメリカに留学し、ペスタロッチ主義教育の研究に基づいて師範学校の改革を行った。大正時代には篠原助市がドイツに留学し、新カント学派の思想を研究しているが、それは手塚岸衛が自由教育を千葉師範学校で実践する基礎となっている。一方、教育学に関する著書や論文の翻訳とその出版を通して、多くの教育関係者に影響を与えてきた。教授法に関しては、スペンサーやジョイホットの著書が翻訳され、明治時代の小学校の教授法に影響を与えた。国際共同プロジェクトの研究による交流が加わるにせよ、外国の研究者の招聘、外国への留学、諸外国の専門書の翻訳による欧米との交流が主流で、しかも、移入的傾向が強い。この移入的傾向とは反対に、現在、日本の小中学校において校内研修として実施されてきた授業研究が日本から発信され、Lesson Studyとして欧米、アジアに普及している。

この授業研究は明治時代からの歴史を有しているが、授業研究の規定によって、その起源を特定の時期に定めることはできない。また、明治時代に授業研究の起源があるとしても、日本固有のものであるのか、それともアメリカの同時代の教育思想の影響を受けたのかは確定していない。最近の研究では、「日本における授業研究の起源は、一九二〇年代までさかのぼることができる」[3]というように大正時代に授業研究の起源を求める豊田ひさきの研究がある。事例として、一九三〇（昭和五）年に小学校教師（訓導）となり、第二回北日本訓導協議会に参加した宮崎典男の事例が取り上げられている。この研究会は公開研究会であり、全国から参加があった。この授業研究は教育実習ではなく、教師の自主的な公開研究である。「一八八七（明治二〇）年以降、その目的、教育内容、方法において授業研究の方法が定式化され、授業における教師の自立的判断、選択をとざすものとして機能してきた」[4]として、定式化された授業研究の起源を明治二〇年代に求める臼井嘉一および稲垣忠彦・佐藤学の研究がある。臼井は、この閉塞的状況を切り開こうとした試みが明治後半期一九〇〇年代から大正期一九一〇年代においてなされてきたと指摘している。ここでは教師の自主的研究としての授業研究は「教師の自立的判断、選択」のなされた大正期に成立したと読み取ることができる。

本研究の目的は、日本のどのような形態の授業研究がどの時期にどのようにして形成されたのかを明らかにすることである。そのために、まず、①歴史的展開に即して授業研究を段階として仮説的に設定し、②授業研究に関する各種の規定とそこに含まれる授業研究の要素を明らかにし、③それぞれの規定に対応する実態を示し、④授業研究の形態と起源およびその歴史的背景を明らかにする、という順序をとる。

日本の小中学校で主に実施されている授業研究が欧米に注目され、受容・展開されるのは、アメリカのスティグラー（James W. Stigler）が、彼の元で大学院学生として学位論文執筆の準備を始めていた吉田誠から日本の校内研修としての授業研究に関する情報を得た一九八九年以降である。その背景には、①TIMSS（国際数学・理科教育調査）の成績がアメリカは低く、日本が高かったこと、②アメリカの研修が、教室の現場で実施されている内容と乖離していたこと、③校内研修を改革するモデルとして日本の授業研究が意識されたこと、④ビデオ研究としてドイツ、日本、アメリカの授業を収集していたことがある[5]。アメリカにおいて授業研究が注目され、普及するのは、スティグラーによる〝Teaching Gap〟が公刊された二〇〇〇年以降である[6]。一九八八年では授業研究を始めた研究集団は、皆無であったが、二〇〇二年には五〇の研究集団、一〇〇〇名の教員、二五州、二〇〇四年には一四二の研究集団、一一〇〇名の教員、三二州に拡大している[7]。現在レッスン・スタディとして授業研究は、カナダ、イギリス、スウェーデン、ドイツ、イラン、香港、シンガポール、インドネシア、香港・上海や北京など中国、などの国々に普及し多様な文脈で展開されている[8]。

日本の授業研究は教育実習ではなく、その特徴は、授業に焦点をあてた教師の間の協働研究にある。その研究の担い手と内容の特徴は次の点にある。①研究主体が学校である。②学校の文化として年間計画に組み込まれている。③問題の所有者は学校目標に基づくチームである。④研究への参加が義務づけられている。⑤仮説検証型の研究ではなく、仮説探索型の研究である。⑥質的データを主に使用する。⑦ビデオとフィールドノーツによる観察方法をとる。⑧談話様式としてはナラティブモードが多く使用される。⑨学校の研究紀要で成果が公表される。⑩学校文化が価値づけられ重視される[9]。

どのような授業研究の定義が日本の授業研究の形成と発展を叙述するのに適しているのだろうか。教育実習は、授業研究ではないが、指導者が授業を参観し授業に即して指導する。そこには授業研究が成立する参観と批評の要素が含まれる。そこで、明治期は実地授業と呼ばれていた教育実習が主体であっても、授業研究の要素を含んでいるものを授業研究萌芽段階とし、同僚間でなされる協動的な授業研究を授業研究段階として、次のように定義する。

授業研究萌芽段階

段階一　指導者の授業参観がある。

段階二　指導者の授業参観があり、かつ批評がなされる。

段階三　指導者と同僚の参観があり、かつ批評が合同でなされる。

授業研究段階

段階四　授業が外に開放され、同僚の参観があり、かつ批評が合同でなされ、改善がなされる。

段階五　授業研究が協動でなされる。すなわち、研究授業が開放され、多くの教員により授業計画や観察と資料収集が協動でなされ、その後、批評がなされ、改善がなされる。

二　文部省令による実地授業の規定

一八九二（明治二五）年七月一一日の文部省令第八号（文部大臣大木喬任）「尋常師範學学校ノ學科及其程度」は、一〇条からなる。その第一〇条「尋常師範學学校ノ男生徒ニ課スヘキ學科目ノ程度ハ左の如シ」は一七の学科目から構成され、それぞれの週あたりの教授する時間と内容を規定している。実地授業は、二の「教育」部のなかで項目を立て次のように規定されている。

實地授業　附屬小學校ニ於テ兒童教育ノ方法ヲ練習セシム
教育ヲ授クルニハ殊ニ小學教育ノ趣旨ヲ理會セシメ教育者タル精神ヲ養ハンコトヲ旨トシ理論ニ偏シ高遠ニ馳スルカ如キコトナカランコトヲ要ス實地授業ニ就キテハ各學科目ノ教員常ニ巡視シテ其適否ヲ批評シ又時々自ラ教授シテ之カ模範ヲ示スヘシ
實地授業ノ毎週教授時間ハ之ヲ前半年又ハ後半年ニ纏メ三十トシテ課スルコトヲ得此場合ニ於テハ國語以下ノ学科目ハ其第四学年ノ毎週教授時間ヲ他ノ半年ニ纏メテ教授スヘシ(10)

この文部省令第八号は一八九七（明治三〇）年一〇月一一日の文部省令二〇号（文部大臣　蜂須賀茂韶）において、「明治二十五年　文部省令第八號　師範學学校ノ學科及其程度第十条第二教育ノ部『實地授業ニ就キテハ各學科目ノ教員常ニ巡視シテ其適否ヲ批評シ又時々自ラ教授シテ之カ模範ヲ示スヘシ』トアルヲ改正スルコト左ノ如シ」として、次のように改正されている。

實地授業ニ就キテハ附属小學校ニ於テ順次師範生徒ヲシテ兒童ヲ教授セシメ各學科目ノ教員附属小學校主事又ハ受持訓導ハ授業ニ當ラサル生徒ヲ率井テ之ニ立會ヒ授業ヲ監督シテ適否ヲ批評シ又時々自ラ教授シテ之カ模範ヲ示スヘシ

一八九二（明治二五）年文部省令第八号による実地授業は、第一に師範学校の学生が授業をしている点、第二にそれぞれの学科目の教員が師範学校の授業を巡視して参観をしている点、第三に批評している点が特徴である。第一と第二はたとえ指導する教員に限定されているにせよ授業に他者が参観している。第三はたとえ専門教科の教員と師範学校の学生一人に限定されているにせよ、授業の批評がなされている。このように授業研究の参観と批評の要素を含みながらも、先に述べた限定性と参観した教員が模範授業を示している点から判断すると指導者あるいは優れた年長者が個人的に指導するというメンターとしての性格を有している(12)。授業研究の段階を四に区分したが、この省令による実地授業は授業研究の第二段階である。これに比べ一八九七（明治三〇）年の文部省令二〇号による実地授業は、授業を参観する人物が訓導だけでなく師範学校の学生にまで広げられていることが特徴である。第一に順次師範学校の学生が附属小学校の児童に対して授業をし、第二に各学科目の教員だけでなく、主事あるいは受け持ちの訓導がその時間に担当していない師範学校の学生を引率して授業を参観させている点、第三にその後に批評をしている点が特徴である。これは授業研究の第三段階である。省令からみると、第三段階の授業研究はすでに、一八九七（明治三〇）年の文部省令第二〇号において成立していたといえる。

さらに遡ると、一八九二（明治二五）年の文部省令第八号は一八八六（明治一九）年五月二六日の文部省令第九号の「尋常師範學学校ノ學科及其程度」および一八八六（明治一九）年五月の文部省令第八号の「尋常師範學学校ノ女生徒ニ課スヘキ學科及其程度」を改正したものである。一八八六（明治一九）年の文部省令第九号は五条から構成されているが、第五条に各学科の各年度の授業時間が示してあり、実地授業については最後に次のように記載されている。

第四学期ハ其學級ヲ二分シ文交互輪換シテ其一部ハ學業ヲ修メ他ノ一部ハ實地授業ニ就クヘキモノトス(13)

ここでは、実地授業の実施される時期が第四年期になされることと師範学校の学生を二分して実施することが記述されているだけであり、実地授業の内容については記述されていない。文部省令の規定から見ると、研究授業としての実施授業は、一八九二（明治二五）年の文部省令第八号において、各学科目の教員の巡視ないし参加とその授業の批評がなされているという授業研究の第二段階が形成されている。

次にこれらの省令による実施授業が具体的に実施された東京師範学校附属小学校における実地授業の規定を検討することにしたい。

三　東京師範学校における実地授業

まず、実地授業が実地されるフィールドである附属小学校の入学者数と卒業者数、および師範学校への入学者数と卒業者数をみることにする。

『東京師範学校沿革一覧：自第一学年至第六学年』[14]は、一八八〇（明治一三）年三月（校長　伊澤修二）に公刊され、東京師範学校が創立された一八七二（明治五）年から一八七八（明治一一）年までの沿革を記述したものである。この沿革史によると、「明治六年三月小學師範科生徒實地授業練習ノ為メ初メテ附屬小學教場ヲ開テ男女總計七十二人ノ入學ヲ許セシヨリ」[15]とあるように、東京師範学校において、実地授業を練習させるために附属小学校に生徒を入学させたのは、一八七三（明治六）年三月である。入学者を示す表[16]によると、初年度四月には九名、同年六月には二四名が第一学年に入学している。六年度の一八七八（明治一一）年まで、総計六〇七名（男四五六名、女一五一名）が入学している。附属小学校の生徒の卒業生（下等小学）は、東京師範学校が創立されて四年度を迎える一八七六（明治九）年一月一五名（男一一名、女四名）が卒業し、五年度には、一八七六（明治九）年一一月二二名、同年一二月二名、一八七七（明治一〇）年二月二四名、同年三月二名、同年五月三〇名、同年七月三二名の卒業生を送り出している。上等小学の最初の卒業生は、一八七八（明治一一）年七月一五名（男一四名、女一名）となっている[17]。

東京師範学校において、小学師範学科の本科生として入学した学生数は、一八七二（明治五）年九月に五四名から一八七八（明治一一）年までの入学数を平均すると毎年六七人強である[18]。師範学校においては、一八七三（明治六）年七月最初の学生一〇名（第一等）が卒業し、以来、第三年度一八七五（明治八）年七月六名まで、各年度平均三八人強の卒業生を送り出している[19]。

師範学校の教育制度は、一八七三（明治六）年六月の教則改定において普通学科を授ける余科と授業法を修める本科に分離される。余科は、二等に分かれ、それぞれさらに二級に分かれていた。そして一級が六か月で進級することになっている。余科において学生は、本科および授業法を学習し余暇のある者が科学的知識のカリキュラムを学び、実地授業は、本科でなされている。藤枝静正によると、実地授業という名称が登場するのは一八七五（明治八）年九月の教則改正からであり、「従前第一級で行われていた『授業法』の名称を実態に即して変更したものであるとみてよかろう」[20]と述べている。この従前の授業法の内容について、一八七三（明治六）年六月の授業法の内容は「具体的説明がないのであきらかではない」[21]とし、一八七四（明治七）年四月教則改正における授業法の内容について、第二学年前半期の授業法は授業の方法を、第二学年後半期は授業実地演習であることを指摘している。水原克敏は、一八七四（明治七年）年一一月の教則改正を取り上げ、授業法が同年四月の週一五時間から六時間に減少したこと、実地授業は第二学年後半期に毎週交代で実施されることを明らかにしている[22]。そして教場教則第十条において「授業方法の検討会を毎月一回開くことが規定されていた」と指摘している[23]。

アメリカ人スコットが招聘され、一八七二（明治五）年九月より授業が開始されている。小学校の生徒の入学が三月、四月、六月となっている。また東京師範学校への学生の入学は、一八七二（明治五年）年九月であり、最初の卒業生は一八七三（明治六）年七月である。一八七四（明治七）年の教場教則において、授業後の検討会が規定されている。これらのことを視野にいれると、実地授業を実施した可能性は一八七三（明治六）年以降であり、一八七四（明治七）年には実地授業後の検討会がなされている。第二段階の授業研究がすでに一八七四（明治七）年以降には成立していた可能性がある。

水原の研究は、スコットが解職されて、その後一八七九（明治一二）年までの間の東京師範学校における四回の教則改正（一八七四（明治七）年一二月、一八七五（明治八）年九月、一八七七（明治一〇）年一〇月、一八七八（明治一一）年七月）について論究している。実地授業に関しては、一八七五（明治八）年と一八七七（明治一〇）年の教則改定の目的規定に端的に示されるように「『授業ノ方法』を教育するのが師範学校の役割であるという認識が一貫」し、それに対応し、一八七五（明治八）年には実地授業が第二学年後半期のすべての時間が割り当てられ、一八七四（明治七）年の二倍の時間数になっている[24]。

一八七九（明治一二）年一〇月伊澤修二が東京師範学校学校長補、高嶺秀夫が同校長補心得となる。一八七九（明治一二）年二月の教則改定では、予科が四級からなる二年の課程、本科がそれに接続する上級下級からなる一年課程となっている。この改訂の特徴の一つは実地授業の基礎となる教授術研究が各科に課せられたことである。一八八一（明治一四）年六月伊澤が文部省書記官に転じ、西周が校務を監督することになる。一八八三（明治一六）年七月の教則改定では、予科と本科の区分が廃止され、本科の学科課程が三年から四年になり、実地授業は第四学年（一級）の後半に実施されている[25]。

東京師範学校の規則に明確に実施授業の内容が規定されるのは、一八八三（明治一六）年である。明治一六年八月改正と記されている『東京師範學校小學師範學科規則』は、実地授業について次のように定めている[26]。

實地授業　教育學學校管理法ヲ講スルモ之実ヲ實驗セシムルトキハ其用ヲ爲サス故ニ實地授業ヲ練習セシム之ヲ練習セシムルノ法ハ生徒ヲシテ附属小學校ニ就キ一級又ハ合級ノ授業ヲ専任セシメ或ハ他ノ生徒ノ授業ヲ目撃セシメテ順次交代シテノ諸級ノ授業ヲ實驗又其授業ヲ批評シテ之ヲ改良セシメンカ為メニ別訓導ヲ置キテ監督セシム此訓導及教育學學校管理法等ノ教師ハ自ラ兒童ヲ教授シテ授業ノ模範ヲ示ス凡ソ實地授業ヲナスニハ特ニ徳育ノ事ニ注意シ唯ニ授業ノ際ニ於テスルノミナラス出入遊戯等ノ間モ常ニ懇篤ニ教導看護シ親愛スルノ情ヲシテ益厚カランシメシコトヲ要ス

この規則では、実地授業は教育学学校管理法を学びそれを実験するための練習として位置づけられている。対象は一学級あるいは他の学年とその学級である。実地する学生は順次交代して実験することとなっている。他の授業を目撃すなわち参観して、その授業を批評することによって、実地授業は授業の改良を目的としている。

藤枝は、一八八四（明治一七）年八月一三日付けの福島県師範学校の「授業ノ要旨」を引用し、実地授業について言及しているが[27]、その文言は一八八三（明治一六）年の『東京師範學校小學師範學科規則』とほぼ同一である。藤枝は、一八八四（明治一七）年一月一四日制定「千葉師範学校職員職務章程」を取り上げ、教諭が校長の指揮に従って、附属学校の実地授業を監督すること、訓導が師範生徒の実地授業の練習を受持つことを紹介している。そして、一八八四（明治一七）年の東京府師範学校の授業批評会を取り上げ、毎日始業前三〇分間、訓導四名が加わり、主監がこれを主理することを明らかにしている[28]。

東京師範學校、福島師範学校、千葉師範学校、東京府師範学校の事例をみると、一八八三（明治一六）年には指導者と同僚の参観があり、かつ批評が合同でなされている、第三段階の授業研究が実施されている。

一八九二（明治二五）年七月一一日の文部省令第八号は「実地授業の具体的な内容について言及した最初の国家的規定であるとみられる」[29]と評価されている。その具体的な内容とは、①師範学校教員による実施授業の巡視、②実地授業の適否に関する批評、③師範学校教員自身による模範授業の実施であるが、このような内容の実地授業は、東京師範学校以外の学校にも拡大している。藤枝は、一九一〇（明治四三）年五月三一日の「師範學校教授要目」（文部省訓令第一三号）直後に成立したと考えられる岡山県師範学校の教生指導の概要を紹介している[30]。そこでは、さまざまに授業の実地と批評がなされている。要約して示すと次のようになる。（イ）参観と説明　第一週に、訓導が模範授業をし、それを教生が参観し、其の要項を記述する。そして授業後に説明を加える。（ロ）模範授業　第一、三週に訓導または教員が一教科の模範授業を示し、次の時間にその教科の教授をさせ、児童の程度や説明の方法を理解させる。（ハ）研究授業　四週以降に同一の教科を受け持っている教生を集めて、一人の教生に教授をさせ、他の教生は訓導と参観して、授業後に全部が集まり批評と指導をする。（ニ）練習授業　あらかじめ教授案を作成させ、それを訓導が検閲して、訓導の監督のもとに授業をさせ、授業後にその批評をする。（ホ）学級会　毎週木曜日に師範教生を集めて、児童の学力や行動について反省、個別的な取り扱いを指導する。（ヘ）（ト）略、（チ）他学校の参観。この内容は、一九一〇（明治四三）年五月三一日「師範学校教授要目」に沿っていることが指摘されている(31)。

一九一〇（明治四三）年代には、模範授業がなされ、研究授業が設定され、その授業参観がなされていること、その後に批評会が全員を集めてされていること、教授案を作成させ、実際に授業を実施させ、その後に批評がされている。これらを視野に入れると、第三段階の中でも質の高い授業研究が実施されている。

四　高峰秀夫のアメリカの師範学校における経験と実地授業への影響

『高嶺秀夫先生伝』によると、高峰は一八七八（明治一一）年四月に帰朝し、米国留学中に任命されていた文部一等を五月一日付けで免ぜられて、東京師範学校の教員兼教場幹事として勤務している。一八七九（明治一二）年三月に伊澤修二が東京師範学校の校長に、高嶺は訓導と校長補に任じられている(32)。伊澤と高嶺は一心同体の形で力を合わせ、一八七九（明治一二）年教則改正を行う。その改革は、第一に予科、高等予科、本科の三区分になったこと、第二に学科の整理がなされたこと、第三に本科で教職教養の教育が強調されたこと、第四に試験法の改革があったことである(33)。授業研究の観点からみると、第三の改革が重要である。稲垣忠彦は、「特に注目されるのは、一般教養の重視と教職教養および実地授業の充実である」と評価している(34)。この改革に影響を与えたのは、ジョホノット

(James Johnnot) の思想であり、特に彼の著書〝Principles and Practice of Teaching〟であるといわれている[35]。さらに、高嶺による重要な改革は、各府県の師範学校取調員を東京師範学校において一年間の長期研究を実施したことである。一八八三(明治一六)年七月に二二名が教授法の研究をしてそれぞれの県に帰っていった[36]。この講習の内容は、中川隆によると、ジョホノットの先の著書を口授したとある[37]。高嶺の師範学校の実地授業の改革に、ジョホノットの影響があったことが確認できる。また、高嶺がオスウィーゴ師範学校の附属小学校において二〇週間実地授業を行い、卒業証書を得ている事実[38]も確認できる。それでは、ジョホノットの思想とオスウィーゴ師範学校における実地授業とはどのような関係にあるのだろうか。水原は、オスウィーゴ師範学校の教育実習が学ぶべき原理の体系が明確に存在し、それを有効に学ぶ場であったこと、そして『改正教授術』においてもそれらの原理を実地授業の練習を通して理解する事に成っていたことを根拠に、実地授業にオスウィーゴ師範学校の強い影響があったと結論づけている[39]。そして、「『実地授業』の根本となる『原理』をかなり重視し、強調している点は、(中略)ジョホノットが再三批判をし、重視している点でもあった」[40]と指摘している。

五　その後の展開と典型的な授業批評会

明治末期から大正時代における授業研究についいは、すでに藤枝静正、豊田ひさき、松本裕司、永田秀、岩崎紀子、等の研究がある[41]。明治一〇年代後半における実地授業批評会の事例としては、大分県の実地授業の講習方法、一八八四(明治一七)年長野県下諏訪郡の下諏訪学校[42]、一八八五(明治一八)年岡山県小田郡の「授業品評会」、一八八七(明治二〇)年秋田県由利郡の「授業批評会」の事例について論及されている[43]。明治二〇年代および三〇年代の実践事例については、新潟県師範学校附属小学校の第一回実地授業批評会（一八九八年一月七日）、一九〇〇（明治三三）年の福岡師範学校附属小学校の批評会に関する考察[44]、一九〇五（明治三八）年の育成小学校の教授批評会に関する論及[45]がなされている。東京帝国大学の林博太郎の呼びかけにより自然科学者や理科教育の専門家と全国の現場の教師によって組織された「理科教育研究会」（一九一八年一月一九日研究会開始）における一一七の事例[46]等多くの紹介・考察がされている。

岩崎は、「理科教育研究会」の活動のなかでも実地授業とその批評会について、尋常科第四学年で教授される理科「とんぼ」の二つの事例を詳細に分析している。一九二二（大正一一）年七月二三日の日曜日に富山県師範学校附属小学校（授業者：高橋源重）で実施された授業後、批評会が行われているが、そこでは、授業者の高橋が自評として眼前の児童から出発しようとしたこと、児童の経験的事実と教授事実を統合しようとしたことを述べ、そして次に大きくは二つの問題が提起されている。一つの問題提起例を挙げれば、自由観察の時間を比較的長くとることによって、児童の自己活動は充分に保障されているが、時間不足により統合がすべて教師にまかされた点が指摘されている。この実地授業は、教育実習ではなく、同僚による相互研修であり、授業が公開され、批評がなされている点から、第五段階初期の授業研究である。

昭和初期には、授業批評の観点を述べた著書が公刊されている[47]。一九三六（昭和一一）年に公刊された『新思潮に基づく研究授業の仕方と見方』の序言において「研究授業、批評授業の時代は轉換して來た。小學校の經營に授業がその一部にしかすぎないやうに考えられた時代が過ぎて再び『教育の主体は授業そのものである』といふ授業再認識の時代が再來して來た」と宣言し、新しい教育思潮が流入し、教育実践の姿を変えていった事を反省し、「由來授業は理論にあらず、理論に支配された『教育行』である。斯くして教育者の新人に迫力を持って魂にまで接近してゆくものは豊富な體驗と深刻な實際的な思索とである。」[48]と授業を基礎にした研究意識が明確にされている。

六　結　論

これまで見てきたように、明治末期から昭和初期にかけて、授業研究の第五段階初期の授業研究が成立している。一九一〇（明治四三）年代には授業研究萌芽期の第三段階の中でも質の高い授業研究が実施されている。一八八三（明治一六）年には教員養成に限定されているが、指導者と同僚の参観があり、かつ批評が合同でなされる授業研究萌芽期の第三段階の授業研究が実施されている。

スコットは一八七二（明治五）年八月に東京師範学校の教師となり、一八七四（明治七）年八月に解職となった。この三年間、先に述べたことを視野に入れて判断すると、第一段階の授業研究が実地授業として一八七三（明治六）年六月以降に実施されていたと想定することができる。だが、どのような内容の実地授業が実施されていたのかは不明であるので、スコットが日本へ授業研究を導入したとは判断できない。むしろ、高嶺によって改革されたジョホノットの影響が見られる実地授業は、教授の原理、発問の原則、および教案作成など教授方法など体系的な理解と教員と教育実習生の参観、相互批評があったという点からすると、そこに授業研究萌芽期第三段階が成立していたといえる。

明治期の実地授業批評会が地方へ普及し定着していく背景と要因はどのようなものであったのであろうか。松本は、明治期の実地授業の地方への普及と定着を次のように述べている。

一、伊澤修二と高嶺秀夫によって東京師範学校の教則および諸規則等の改革がなされ、実地授業の教授原理の統一がはかられ、教案作成が課せさられ、批評が重視された。

二、批評を実行するために「題目」「方法」「教師」に関する基準が提示された。

三、この基準が教員講習会等を通して明治一〇年代後半に全国に普及した。
四、明治二〇年代前後には、批評の有効性が自覚され、「実地授業批評会」が独立して設立された[49]。
五、明治二〇年代後半には高等師範学校の批評基準が改訂され、明治三〇年代それをもとにして各地で批評会が開催された。

豊田は、明治三〇年代の授業研究の背景として、六点を挙げているが、「授業研究といっても、その研究の余地はまだきわめて限定された操作的な、いわば片々の技術にとどまる」とその限界を指摘し、しかし、「教授技術を研究することに主体的に参画することの意味は大きい」とこの時期の授業研究を評価している[50]。たしかに、明治三〇年代における各学校で自発的に実施された実地授業批評会が授業研究第四期であるが、明治一〇年代伊澤と高嶺によって改正された東京師範学校教則が授業研究の土台となっている。

注

（1）平田宗史「M-M-Scott の活動と業績」『教育学研究』第四五巻第一号、一九七八年。
（2）寺崎昌男・榑松かほる「エミール・ハウスクネヒト研究」『日本の教育史学』第二二集、一九七九年。
（3）豊田ひさき「戦後新教育と授業研究の起源」日本教育方法学会編『日本の授業研究　上巻』学文社、二〇〇九年、一二頁。
（4）臼井嘉一「はじがき」日本教育方法学会編『日本の授業研究　上巻』学文社、二〇〇九年、iii。その主張は、稲垣忠彦・佐藤学『授業研究入門』岩波書店、一九六六年と同じである（同書、一五八頁を参照）。
（5）的場正美「アメリカの Lesson Study における日本の授業研究の受容と評価」『中等教育研究センター紀要』（名古屋大学大学院教育発達科学研究科附属中等教育研究センター）第八号、二〇〇八年。
（6）Stigler, J.W. and Hiebert, J. (1999a). The Teaching Gap: Best ideas from the world's teachers for improving education in the classroom. New York: Free Press.

(7) キャサリン・ルイス「授業研究」秋田喜代美、キャサリン・ルイス編『授業の研究　教師の学習』明石書店、二〇〇八年、一三頁。
(8) Masami Matoba, Keith Krawford, and Mohammad Reza Sarkar Arani (eds.) (2006) Lesson Study: International Perspective on Policy and Practice, Beijing: Educational Science Publishing House. 的場正美「世界における授業研究の動向」日本教育方法学会編『教育方法34　現代の教育課程改革と授業論の探求』図書文化、二〇〇五年。
(9) アクションリサーチとの対比で授業研究が特徴づけられているが、これをもとに作成した（ジーン・ウルフ／秋田喜代美「レッシュンスタディの国際的動向と授業研究への問い」秋田喜代美、キャサリン・ルイス編『授業の研究　教師の学習』明石書店、二〇〇八年、二八頁）。
(10) 文部省令第八号、明治二五年七月一一日。
(11) 文部省令二〇号、明治三〇年十月一一日。
(12) 倉沢剛は文部省令二〇号によって、「以来この方式が久しく行われて定式化され、師範教育の重要な場になった」と評価している（倉沢剛『学校令の研究』講談社、一九七八年、七一〇頁。
(13) 文部省令第九号、明治一九年五月二六日、三三二頁。
(14) 東京師範学校編『東京師範学校沿革一覧：自第一学年至第六学年』第一書房、一九八一年復刻、初版一八八〇（明治一三）年。
(15) 同著、三一頁。
(16) 同著、三二～三三頁。
(17) 同著、三五頁。
(18) 同著、一九～二一頁。
(19) 同著、三四～三五頁。
(20) 藤枝静正「師範学校における『教育実習』経営の特質（Ⅰ）」『埼玉大学紀要（教育科学一）』第三七巻第二号、一九八八年、四九頁。
(21) 同論文、四八頁。
(22) 水原克敏「東京師範学校における教員養成教育定式化への模索」『東北大学教育学部研究年報』第二七集、一九七九年、一九三頁。
(23) 同論文、同頁。東京師範学校前掲論文一八八〇（明治一三）年、教場規則、一六～一七頁。
(24) 同論文、一九一～一九四頁。
(25) 同論文、二〇一～二〇五頁。

(26) 東京師範学校『東京師範學校小學師範學科規則』一八八三（明治一六）年、三一頁。
(27) 藤枝前掲論文、一九八八年、五五頁。
(28) 藤枝静正「師範学校における『教育実習』経営の特質（Ⅳ）」『埼玉大学紀要（教育科学一）』第四〇巻第一号、一九九一年、二頁。
(29) 藤枝前掲論文、一九八八年、五五頁。
(30) 同論文、五六頁。
(31) 同論文、五六頁。文部省訓令一三号「師範学校教授要目」一九一〇年五月三一日。
(32) 高嶺秀夫先生記念事業会『高嶺秀夫先生傳』倍風館、一九二一年、五九頁、七四頁。
(33) 水原前掲論文、一九八八年、一九八～二〇〇頁。
(34) 稲垣忠彦「総説」中新・稲垣忠彦・佐藤秀夫編『近代日本教科書教授法資料修成　第二巻　教授法書3』東京書籍、一九八二年、六九一頁。
(35) 水原克敏「ジョホノットの教育学と東京師範学校の一九七九年改革」『教育学研究』第四八巻第二号、一九八一年。
(36) 倉沢剛『小学校の歴史』ジャパンライブラリー・ビューロー、一九六九年、九七八頁。
(37) 中川は、『千葉教育会雑誌』第二七号、明治一六年八月に寄稿した人物の証言を得ている（中川隆「高嶺秀夫と学事諮問会」『亜細亜大学教養部紀要』No.21、一九八〇年、一七四頁）。
(38) 高嶺秀夫先生記念事業会前掲論文、四九～五〇頁。
(39) 教授の原理、発問の原則、教授方法書の作成に影響があった。水原は、教案作成上の用語の概念の理解など具体例を示している（水原前掲論文、一九八一年、六一～六二頁。）
(40) 同書同頁。
(41) その他に、山田昇「師範学校の教育とその改革を見直す」柴田義松、杉山明男、水越敏行、吉本均編著『教育実践の研究』図書文化、一九九〇年、がある。
(42) すでに明治十五年八月十四日に芹沢学校と下諏訪学校の参観がなされ、教場と教授の様子が報告されている。また同資料には明治十七年一月二十二日の参観記録が掲載されている（長野県教育史刊行会『長野県教育史　第十巻　資料編四』一九七五年、五五六～五五八頁）。
(43) 松本裕司「明治一〇年代後半から二十年代前半における実地授業批評の形成過程」日本教育方法学会編『教育方法学研究』第二一巻、

一九九六年。
(44) 豊田久亀「明治期の教育実習を見直す」柴田義松、杉山明男、水越敏行、吉本均編著『教育実践の研究』図書文化、一九九〇年。
(45) 豊田久亀『明治期発問論における研究』ミネルヴァ書房、一九八八年、二五二〜二六二頁。
(46) 永田英治は理科教育会が行った実地教授を整理して一覧にしているが、一九一八年に一〇回実地されている。また、林博太郎がドイツ留学中（一八九九〜一九〇三年）にラインの指導する練習教授に参加した経験と実地教授研究会の進め方が類似していることを指摘している（永田英治「林博太郎と理科教育研究会―大正期、昭和初期の理科研究の水準―」『宮城教育大学紀要』第一九号、第二分冊、一九八五年、二四頁）。
(47) 昭和四年以降公刊された著書の例を挙げると次のものがある。
稲村玉雄、田中弐郎『新学校学級参観実地授業批評会質問・批評・答弁の仕方』高踏社、一九二九年。教材王国編輯部編『最新研究教授の方法と各科学習指導例、尋四』文化書房、一九三〇年。水木梢『研究教授の準備の仕方』高踏社、一九三九年。水木梢『新学校学級参観実地授業批評会質問・批評・答弁の仕方』高踏社、一九四三年。
(48) 十四師範學校主事合著『新思潮に基づく研究授業の仕方と見方』三友社、一九三六年、一頁。
(49) 松本前掲論文、一九九六年、一九頁。
(50) 豊田前掲著書、一九八八年、二五六頁。この指摘は稲垣忠彦『明治教授理論史研究』において「全国、津々浦々の学校において莫大なエネルギーを費やす」という評価に対する反論である。

第八章　日本における幼保一元化に関する歴史的考察
―雑誌「幼児の教育」における英国の保育学校《ナーサリースクール》の紹介に着目して―

青山　佳代

一　はじめに

現在、日本では少子化が進む一方で、出産後も働き続ける女性が増加している。このような状況は、幼稚園では定員割れを引き起こし、保育所においては待機児童の問題が深刻さを増している。これらの問題を解消するために、二〇〇六（平成一八）年一〇月に「就学前の子どもに関する教育、保育等の総合的な提供の推進に関する法律」が施行された。この法律によって、認定子ども園制度が始まった。認定子ども園とは、幼稚園と保育所の機能を一元化〈幼保一元化〉した施設を指す。周知のとおり、幼稚園は文部科学省が所管する教育施設であり、一日五時間以内の教育活動が行われている。それに対して保育所は、厚生労働省が所管する児童福祉施設である。保護者が労働や病気などのため、日中児童を家庭で保育できないときに一定の条件のもと、保護者に代わって保育する施設である。

認定子ども園には、幼稚園と保育所の機能を一元化し、幼児教育に一貫性をもたせるとともに、子育ての相談に応じるなど、子育て支援を強化しようとする狙いがある。そのため二〇〇五（平成一七）年度からモデル事業として、全国三五か所に認定子ども園が設置された。その後も認定数は増加し、二〇〇九（平成二一）年四月現在では全国で三五八か所もの認定子ども園が設置されている[1]。

このように、現在幼稚園と保育所の制度的統一をめざす幼保一元化の動きが活発である。けれども幼保一元化の動きは今に始まったことではない。日本における幼保一元化の出発点として、幼稚園令の制定（一九二六年）とその後の託児所令制定運動（一九二六〜一九三八年頃）が挙げられる[2]。ちょうどその頃、英国で興った「保育学校」が日本に紹介された。保育学校は先駆的な幼保一元化された施設として考えられうる。けれども、保育学校の意義や価値はあまり認められることなく今に至っている。しかし、現在の幼保一元化の動きを考えるうえで、保育学校に関する事項は再検討されるべきであろう。さらに、日本にその保育学校に関する紹介を最初に行ったのが、長田新と倉橋惣三であった[3]ことを考えると看過することはできない。

これまでの保育学校に関する先行研究では、小林恵子による日本における保育学校（小林は「ナースリー・スクール」と表記）に関する日本への紹介、設立、そして現状を考察したもの[4]が代表的である。そのほかに、中嶋一恵のイギリスの保育学校の歴史に関するもの[5]がある。しかしながら、管見の限りその「保育学校」が日本へどういった形で紹介されてきたかに関する分析はない。けれども、雑誌「幼児の教育」において、倉橋が日本へ保育学校を紹介した文献をみることができる。それらは現在、お茶の水女子大学の特別コレクション TeaPot[6] のなかに存在する。同雑誌は倉橋が長年編集者として活動を行っており、日本の幼児教育の発達を考えるうえで欠かせない雑誌である。そこで、本稿では同雑誌のなかで、当時、英国の保育学校がどのように日本へ紹介されていたかについて分析し、その様相の考察を試みる。なお、本章での漢字表記は旧字体は用いない。

二　マーガレット・マクミランと保育学校

保育学校は、英国のマーガレット・マクミラン（Margaret McMillan, 1860-1931）によって創設された Nursery School が邦訳されたものである。これまでの研究成果においては、だれが Nursery School を保育学校と邦訳したかについては定かではない(7)。

保育学校は、先駆的な幼保一元化の施設の一つと考えられる。その理由として、保育学校は単なる託児施設ではなく、フレーベル主義者であったマクミランによって、戸外運動や自由遊びを奨励し、恩物などによる作業、唱歌とダンス、対話などの就学を意識した、いわゆる幼稚園的要素があり、加えて適切な食事の提供、健康診断、衛生管理といった、保育所的要素を含んでいるからである。先述したように、長田と倉橋が、文部省（当時）在外研究員として欧米各国を視察してきた際に、初めて保育学校について報告したとされている。

では、当時の文献を検討する前に、英国で保育学校を創設したマクミランについて概観しよう。

マクミランは、一八六〇年に米国ニューヨークのウェストチェスターに生まれた。一八六五年の父親の死をきっかけに、母親、そして妹レイチェルと一緒にニューヨークを離れ、スコットランドに移った。その後、スコットランド、ドイツ、エジンバラ、スイスで教育を受け、一八九三年、ブラッドフォード市で結成された独立労働党の創立メンバーとなり、その地で一八九四年から八年間、教育委員会の委員を務めた。ブラッドフォード市は、社会運動・労働運動の先進地であった。児童福祉の分野でも先駆的で、マクミランがやってきた頃には、すでに学童への給食や健康診断などが実施されていた。一九〇四年にはロンドン市当局よりデトフォード地区三校の学校理事に任命され、教育行政に参画する機会を得た。一九〇八年になると、姉で衛生視学官のレイチェルとともにボウに実験診療所を開設した。一九一一年にはマクミラン姉妹はデトフォードに野営学校（camp school）を開設し、八歳以上の児童は夜間キャンプに収容し、八歳未満の幼児が昼間キャンプに受け入れ保育した。これが基礎となって、一九一三年野外保育学校（open-air nursery school）へ発展した(8)。

一九一九年、この学校は、保育学校《ナーサリースクール》として、教育院によって公認され、国庫補助を受けるようになる。翌年にはさらにロンドン州参事会からの補助金も与えられた。一九三一年のマクミランの死をきっかけとして、彼女が経営した保育学校はロンドン州参事会に移管され、デプトフォードの全保育学校が州参事会維持のものとなった(9)。

三　雑誌「幼児の教育」にみる保育学校

実際に英国の保育学校が日本へ紹介された過程についてみていくことにする。本章で検討する主たる文献は、先述したように、お茶の水女子大学に電子保管されている「お茶の水女子大学教育・研究成果コレクション TeaPot」のなかの特別コレクションである、雑誌「幼児の教育」である。同特別コレクションには、同誌の創刊号から五二巻一二号（一九五三年一二月号）までが電子保管されている。

雑誌「幼児の教育」(10)は、一九〇一（明治三四）年に「婦人と子ども」（図1(11)）と題して創刊された。創刊号の発行元は東京女子高等師範学校附属幼稚園内フレーベル会となっている。フレーベル会は、一八九六（明治二九）年に東京女子高等師範学校において発足した幼稚園教諭を主とする研究会を指す。一九一八（大正七）年より、発行所はフレーベル会から日本幼稚園協会となり、一九一九（大正八）年（第一九巻一号）より「婦人と子ども」が「幼児教育」へと改題された。また第二三巻九号（一九二三年）より誌名は「幼児と教育」となり現在に至っている。編集者についていえば、最初の編集者は東京女子高等師範学校助教授東基吉であった。その後一九〇八（明治四一）年より同校助教授の和田実が編集者となり、一九一二（明治四五）年より倉橋惣三が編集者となった。倉橋は、この後四〇年にわたり、同誌を通して幼稚園の指導者として活躍した。

さて、TeaPot の特別コレクションにある「保育学校」に関する研究成果をみていくことにしよう。同コレクションに電子保管されている文献のなかで「保育学校」に関するものは以下の七項目である。

図１　創刊号の表紙

①　倉橋惣三（一九二三年一月）「英国の保育学校」
②　―（一九二七年十二月）マクミラン女史／マクミラン女史の保育学校記念室（口絵）
③　―（一九二三年四月）「英国保育学校令並に訓令」
④　―（一九二三年五月）「英国保育学校規定並びに訓令」（承前）
⑤　―（一九二三年七月）「英国其他諸国における保育学校の近況」
⑥　マアガレット、マクミラン（一九二六年九月）「保育学校と母性」（翻訳）
⑦　―（一九二八年十一月）紐育の保育学校の保育室（口絵）

このようにみると、保育学校に関する項目が一九二三（大正一二）～一九二八（昭和三）年の六年にかけて集中的に雑誌「幼児の教育」に取り上げられていることがわかる。一九二三（大正一二）年一月に「英国の保育学校」を著した倉橋は一九一九（大正八）年末より二年間、欧米各地を視察した(12)。同著のなかで、倉橋は「私が一番委しく見たナーゼリースクールは先程申したマーガレット、マクミラン女史のやつて居る倫敦の場末にあるものだがそこではマーガレット　マクミラン女史が主任となつて」[13]と記しており、彼がマクミランが実際に実践活動をしていた保育学校へ訪れたことがわかる。なお、本章では、七項目のうち、①、③、④ならびに⑤に着目する。

四　倉橋惣三による保育学校の紹介

マクミランが直接指導を行う保育学校を視察した倉橋惣三（一八八二〜一九五五年）は、一九二三（大正一二）年一月発行の「幼児教育」第二三巻第一号において、「英国の保育学校」と題した文章を掲載した。この文献は、「近世の社会的幼児問題」「保育所と幼稚園」「英国の保育学校」「保育学校の目的」、そして「保育学校の実際」の五項目からなる[14]。

「近世の社会的幼児問題」においては、当時日本での母親が幼児を養育するものとして適当ではないのでは、と疑問を呈している。その改善の策として幼稚園もしくは保育所の活用を提案しているのだが、倉橋は保育所と幼稚園の区別がつきにくいことを主張している[15]。そこで「保育所と幼稚園」の項で、その区別をしようと試みている。ここで興味深いことは、すでにこの当時でも、保育所と幼稚園の二元化が問題として浮き彫りになっている点である。こうしてみると、日本おける幼保一元化の問題は根が深いことがわかる。

「英国の保育学校」の項では、「従来のインファントスクールでやつて居りましたやうな智的教育を成るべく避けて、幼稚園的教育をして行くと云ふのである」[16]と保育学校を説明した。そして感想として「之は非常にいゝことだと私は思つてゐる」[17]と締めくくり、英国の保育学校に対して、好印象を倉橋は持っていたと解釈できる。

五　資料としての「英国保育学校令並に訓令」

（一）同資料の意義

一九二三（大正一二）年四月と五月（同誌二三巻四号ならびに五号）発行の「幼児教育」には「英国保育学校令並に訓令」ならびに「英国保育学校令並に訓令（承前）」と題して、英国の保育学校令と訓令が翻訳・紹介されている。これら二つの資料が紹介されたことは、英国における保育学校について読者に意識させ、このモデルを日本へ移入するためのきっかけとして掲載したとみることができよう。その点において、注目すべき文献であるといえる。

さて、本文献の冒頭には、〈記者〉と称する者が「英米に於て近時、保育学校が非常な発達を致して居る事は一般の知らるゝ処であるが、其の校令と訓令―『社会と教化』三月号[18]掲載―は我が国幼児教育者にとつて、殊に児童の心身に対する注意に於て大に資する処あるを信じ、之を左に紹介する」と記している。このことから、当時、保育学校に対する関心の高まりを感じていた者があったとみることができる。さらに、その機運の高まりを期待していたといえる。

先述のように、実は、一九二三（大正一二）年三月および四月一日発行の「社会と教育」第三巻三号ならびに四号に、「幼児の保育」よりも先だって、「英国保育学校令並に訓令」ならびに「英国保育学校令並に訓令（承前）」の翻訳が公表された。「社会と教育」においては、社会教育調査室が「資料」として掲載した。

そのなかで、英国の保育学校が以下のように紹介されている。「英国保育学校令並に訓令」の価値についても評されている。

英国の幼児学校は、二歳より五歳までの児童を収容する為に設置されてゐるものであつて、もと千九百八年、マクミラン姉妹によつて創始せられたものである。凡そ家庭に於て、児童の健康や教育について顧慮することのできない貧民の子弟に対して、精神的環境の改善をはかると同時にその健康のために諸種の衛生上の注意をなし、清潔、営養等についてできるだけの養護をなすことの大切なことは勿論であるが、一方に於て、富裕な家庭に育った児童も、営養や清潔等の衛生上の注意こそゆき届いてゐても、よき精神的環境を存することはまもとに少く、これに対しても十分な保護を加へることは児童養護の重大なる問題と言わねばならぬ。これ等心身の緊要なる養護をなす事を目的とするもの即この種学校である。

今や保育学校は、英国に於て、非常に勢で増しつゝあるなかりでなく－この急激な発達が法令並に訓令の必要を感ぜしめたのであるが海をこえて合衆国に於ても、デトロイト・ボストン、ニューヨーク等にも同様の学校が設けられるようになつた。即保育学校は今や世界的に行はれるようになつて来たのである。翻つて、わが国の幼稚園又は託児所を見るに、その発達甚だ幼稚であつて、これ等心身に注意に於て著しく劣つた状態にある。幼児の死亡率を減少せしめることは、幼児保護に於て最大の問題であり、精神的教養も亦幼児の時代よりの完全なることを緊要とする今日我国に於ても、改めてこの種問題についての反省をなして、幼稚園、乃至託児所の改善に進まなくてはならない(19)。

つまり、「社会と教育」のなかで、英国の保育学校は、日本が見習うべき幼児に対する施設のモデルとして評されていることがわかる。さらに、当時の日本の幼児教育の状態が、よくなかったことも窺い知れる。

加えて、「英国保育学校令並に訓令」の資料的価値についても以下のように評されている。

こゝ掲ぐる英国保育学校令並に訓令は、他山の石としてその反省の材料となり、あはせてその改善の方向を示すものとして貴い材料であるとを信ずるのである。世の識者、当事者の精読を乞ふ所以(20)

つまり、当時の日本の幼児教育を改善するために、英国の保育学校令と訓令を参考にすべきと考えられたといえる。

さらに注目すべきこととして、〈紫〉と署名する者が、本資料の巻末において、当時の日本の幼稚園の現況について語っている文章がある。以下にそれを示す。

こゝに掲げた保育学校は英国に於ける幼稚園完全運動の一と見られる。然らば我国に於ける幼稚園の現況は如何であるか。甚だしくその内容に於いても劣つてゐることを思はしめる。幼稚園は伝染病の巣窟であると言ひ、幼稚園を経て来た生徒は、小学校入教後訓練上困ると云はれるが如きは、いかに其衛生的注意に於て不備であり、精神的訓練に於て不完全であるかを語るものである。今我国に於ける幼稚園の現状と見るに、全国の幼稚園数は、六九五、園児の数五萬八千七百九十四であつて保母の数は二千六十七人である（大正一一年四月現在）園児の数保母一人宛二七人である而して保母無資格者がその五分の一に及んでゐる。園児の数を多くすることはその種教育の普及のために必要であるが、全国における保母養成機関の完成をはかることは、これ等にもまして緊急なる肝要事であらうと思う(21)。

先述の「幼稚園完全運動」という用語は、ほかの文書ではみられないものである。おそらく、筆者が日本の現状を嘆き、英国における幼稚園（この場合は幼児教育施設と考えられる）が発達している状況を羨んで用いたものであろう。

この文章から、当時の日本の幼稚園が、子どもに対して衛生に関する教育ならびに、精神的訓練を行っていなかったことがわかる。さらに、保育者の養成についても、未成熟であったことと判断できる。

（二）翻訳版「英国保育学校令並に訓令」の分析

では、翻訳された「英国保育学校令並に訓令」ならびに「英国保育学校令並に訓令（承前）」にはいかなる事柄が記述されていたのかをみていく。

同令ならびに訓令は、「保育学校規程（一九一九年発布）」として第一条から第一六条[22]までをなし、「保育学校に関する訓令」として、一から三一[23]をなす。

同規程の第一条第一項には、「本規定による保育学校（保育学級をも含む）は心身の発達上保育学校に出席するの必要あり、若しくは出席するを可とする二歳以上五歳以下の児童を保護して訓練する機関なり」[24]とある。同項では、保育学校の定義について記されていることがわかる。第四条では、「保育学校を認可するに先立ち文部省は同校が該地方の必要に応じるや否や、学校と家庭との距離の如何、並に当局の医学的事業と同校の事業が合致するや否やの点に就き省察することを要す」[25]とある。このことは、保育学校が医学的事業の近似していることを示している。さらに、第十条では「保育学校に於いて授業料を徴収することを得ず、また食費治療費以外いかなる種類の料金も徴収することを得ず、該食費治療費を徴収する場合には相当の理由を有し且つ実価以上になることを許さず」[26]とある。このことは、必要最低限の費用しか、徴収しなかったことを意味する。

「保育学校規程」では、保育学校に関するおおまかな事項が記されているが、続く「保育学校に関する訓令」では、保育学校に関する詳細な事項がかかげられており、興味深い。同訓令では、二、保育学校の目的において、以下が記されている。

二、保育学校の目的。保育学校又は保育学級は二歳以上五歳以下の幼児の保護及び訓練のための設備であつて、かゝる昼間学校に出席することが、その心身の健全な発達にたいして、希求される幼児に対しての設備である。

故にこの種学校は二種の機能をもつてゐる。即第一は幼児各個の周到なる個人的注意及び医学的監督であつて、その愉悦、休息及び適当なる栄養に対する設備をも含むものである。而して第二は、身体的、精神的及び社会的の的確なる訓練であつて最も広義の良き習慣を熟練にして聡明なる教師の導きによつて構成し、遊戯及作業によつて、各年齢の幼児との秩序ある交遊を作らしむことも含む。幼児は、最も成長の速かなる組織体である。保育学校は一方に於て、幼児の成長をして環境の影響より免かれしめ、成長を遅緩せしめ、或は、制限する諸種の事情を除くと共に、他方直接その成長を促進すべきである。故に保育学校は幼児に対して「要心する」ための場所ではない。保育学校の必要は、人口の過密なる大都市に於て最も大である、よく経営された保育学校の完全なる設備の、幼児及び其両親に及ぼす盛況は、その価値殆ど知られべからざるものがある[27]。

ここでは、保育学校に通うことができる児童の年齢ならびに、同学校の二つの機能についての詳細が説明がある。個人的注意と医学的監督が重視され、加えて（一）身体的養護、（二）精神的及び社会的訓練、が行われるべき学校であると述べられている。また、保育学校が人口の過密な大都市において価値のあるべきものとしていることは、当時の英国の社会状況を反映しているものといえる。

同訓令では、「四」以降では、それぞれ「身体的養護」「精神的並に社会的訓練」、および「必要な行政的措置」についての事項が記されている。

「身体的養護」に関してみると、「身体の養護はたゞに休息運動及身体発達に対する機会を与ふるにとゞまらず、衛生的な学校の環境を作り」[28]とあり、学校の環境についても言及されている。さらに「幼児の食物を適当に与ふることも亦同様に重要である。昼食及び間食は一般に学校において与へられるべきであつて、出来得べくんば朝食をも幼児に給することが望ましい。食事の献立は十分注意しなくばなあらぬ栄養分も適当にして十分なることを要する。幼児は休息及び睡眠のために一日の一定時間を充つることを要する。その具体的なる時限及び長さは、こゝに、詳述するの必要はないが、毎日それが同一時刻になさるゝことは必要である」[29]とある。このことは、現在の保育所の給食ならびに午睡に関しても当てはまることであり、現代的意義があると思われ、注目すべき事項である。

「七」および「八」においては、医学的監督の重要性について述べられている。「保育学校の設備の一つの理由は、実に現今の小学校就学児童のなかに見出される障碍の多数、及びこれから来る教育上の欠陥、不能等を消失せしむにある。最近数年間に於て、公立学校の一学年に入学する児童の中に発見される欠陥の程度及び性質は五歳以下の児童に於ける健康状態の低下を示してゐる」[30]とある。このことは、保育学校が就学前施設のなかでも、予防医学的な立場として存在する意義を示しているといえる。加えて「学校看護婦は、幼児の的医学的検査を行ひ、幼児の身体的欠陥の原因を探り、かつ必要に応じて日々学校を訪問して衛生的監督、温度の調節、又簡単な治療をすべきものである」[31]としている。このことは、現在の日本の保育所の多くに看護師が措置されていることを考えても、現代的意義のあることといえる。

保育学校の目的は先述した身体健康の増進にのみあるものではない。同訓令では、精神の成長についても記述されている。保育学校では「形式をとゝのえる読方、書方、算術等は」[32]なすべきものではないとされた。このようなリーアールズを導入するのではなく、同校では「音声を雑音なしに自然に発する方法を教え、明瞭に正しく発音する事を教へられるべきである。彼等は又、質問するやうになり、命ぜられたところによつて行動する様になり、自分の事について語るやうになり、一緒になつて歌うことのできる様にならなければならない。」[33]という考えから、音楽唱歌が奨励された。音楽唱歌は「音声の訓練を助け、お話を児童の前ですることは、彼等の発音を訓練し、言葉の意味を理解する助けとなる」[34]と解された。

運動および感覚の発達については、「歩行ホッピング、スキッピング、マーチ、駈足、手の運動」[35]が奨励され、「実に真の筋肉教養は脳の教育」[36]であると付記されている。翻訳としても実に興味深い。

さらに保育学校においては社会的訓練の目的も有するとある。「児童は、これによって適当に食事すること、すなわち一般に食卓に於ける良習慣を養ふことをなすべきである。彼等は亦、食卓を据え、これを清潔にする、又は簡単な洗濯をなすことや、その室を清潔にし遊び道具を其の於くべきところにおくと云ふやうな訓練をなすべきである。これ等が正しく訓練されたときは、保育学校はその全幅の努力を靴のぬぎはぎ、衣服の着脱、清潔及びこれ等について相互扶助をなす等の訓練をなすべきである」[37]とある。このことは、保育学校においては清潔に重視することが奨励され、また子どもがある一定の生活習慣を身につけることを目標としていたことを示す。これらの社会的訓練は、現代の日本の保育所における目標と同じであり、注目すべきことである。

同訓令の最後の項目である「教育行政規定」についてみていくこととする。教育行政規定は、同訓令の「一六」から「三一」にある。校地、校舎、設備、入学および退学時の年齢、日課、職員、および補助金についての行政的な記述がある。校舎に関する規定をみると、「一七」に児童に対する面積の記述があり、それは一二〜一五平方尺[38]と定められている。現在の日本の保育所における最低基準（児童福祉施設最低基準第五章三二の六）が、「保育室又は遊戯室の面積は、前号の幼児一人につき一・九八平方メートル以上、屋外遊戯場の面積は、前号の幼児一人につき三・三平方メートル以上であること」にあることと比して、非常に近寄った値である。

保育学校の日々の日課については「二二」にあり、「日常の始業時間及び就業時間は普通の小学校より早くはじめて、其兄姉が学校へ同道するの便を与ふべきである。課業は、個人的、並に団体的なるべく、これによつて児童は自己の興味とを発展せしむべきであるが又、その同輩と協力し、他を困まらせるような行為を統制することを学ぶの要がある」[39]と記されている。ちなみに、マクミランの保育学校の一日のカリキュラムは、表1のようであった。同カリキュラムをみると、衛生面に非常に気を遣っており、また、学習活動ならびに散歩といった野外活動にも力を入れていたことがわかる。

さらに、保育学校を構成する職員についてみてみることにする。職員については訓令の「二十四」に記されている。保育学校の職員は、（一）学務監督、（二）看護婦、助手、ならびに（三）見習員から構成される。（一）の学務

表1　マクミランの保育学校の１日の保育計画[40]

8：00	開門
8：00 ～ 9：00	入浴、洗面など
9：00 ～ 10：00	朝食、レクリエーション
10：00 ～ 11：00	教具を使う学習活動（educational work）、遊戯
11：00 ～ 11：30	手洗いなどの生活習慣の訓練
11：30 ～ 12：30	昼食
12：30 ～ 14：30	午睡
14：30 ～ 15：00	トイレに行くなどの生活習慣の訓練、レクリエーション
15：00 ～ 16：00	散歩（雨天時は音楽または手工作業）
16：00 ～ 16：30	おやつ
16：30 ～ 17：30	自由時間
17：30	閉門

監督（ここでは、スーパーインテンデントとルビがふってある）について、訓令では、「保育学校の成否は一にスーパーインテンデントにかゝる。スーパーインテンデントは、二歳より五歳までの児童の身体的福祉に責任を負ひ得る人で、児童衛生について完全なる知識を有する人たるを要する。而して単に保母の仕事をなし得るに止らず、保育学校の保健に関する組織となしその達観と想像とを以て児童の訓練を指導し得る人たるを要する。要言すれば、保育学校のスーパーインテンデントは高き能力を有し、個人的にも職業的にも経験の豊富なる人たることを要する」[41]とある。つまり、保母としての役割だけに止まらず、保育学校を衛生的に管理し、同学校をまとめていく能力のある人が求められていたといえる。（二）の看護婦、助手に関してはというと、「助手は児童殊に幼児の身体的福祉にあづかるべき看護婦免許状を有する人たるを要する。一方又、一部分は幼児の訓練、教授に適当にしてかつ経験を有するものたることを要する」[42]と記述されている。つまり、助手とは、看護師免許をもちながら、幼児の教育に対しても能力を有した人材を指す。（三）の見習員[43]とは、一八歳以下の女子が保育学校での教員としての職を得ようとするための職名である。訓令「二七」においては、四〇～五〇人の子どもを収容する保育学校においては、スーパーインテンデント一人と経験のある助手一人、ならびに見習員一人を必要とする[44]との

記述がある。もちろん、学校の規模が大きくなれば、それに比した職員の増員が求められている。

以上が、翻訳された「英国保育学校令並に訓令」の内容である。同令ならびに訓令の記述内容から、英国の保育学校の特色を次のように指摘することができる。同訓令が身体的養護に関すること、精神的・社会的訓練に関すること、ならびに行政措置に関することを掲載していることから、保育学校が、（一）子どもの健康管理を徹底し、（二）精神的・社会的訓練を通して、正しい生活習慣を伴った子どもへと教育していくことを目的とした就学前教育施設であったといえる。保育学校へ五歳未満の子どもが通うことによって、小学校への就学をスムーズにしようとしたと考えられる。

六　「英国其他諸国に於ける保育学校の近況」について

「英国保育学校令並に訓令（承前）」が、称賛のもと取り上げられてからわずか二か月後、「幼児の教育」第二三巻七号（一九二三年七月発行）では、「英国其他諸国に於ける保育学校の近況」[45]と題した資料が掲載された。「ロンドンに於ける、国会連合諮問会議は、最近保育学校の報告に関するパンフレットを出した」という記述から始まる同資料は、「必要と経営難」「校舎」「職員」、ならびに「国外に於ける制度」という項目で内容が掲載されている。同資料では、保育学校は、産業中心地においてはその価値を認められているが、多くの学校において、幼児一人ひとりに多くの費用を要するために、保育学校の普及が容易ではない[46]ことが記述されている。たしかに、一九一八年教育法から一〇年を経た一九二八年になっても、イギリス全土における保育学校数が、地方教育当局による公立保育学校一一項と民間団体による私立保育学校の一五校の計二六校にすぎず、これらの保育学校の全収容能力は、入学は必要であるか、望ましい幼児一四一万三二一七名に対して、わずかに一三六七名であった[47]。さらに、アメリカへの波及についても、「米国では、託児所や昼間保育学校は多いが、本来の保育学校なるものは顕著ではない」[48]と、保育学校の普及は緩慢であったことが説明された。

七　おわりに

以上、ここまでTeaPotコレクションにある文献を用いて、当時、英国の保育学校がどのように日本へ紹介されていたかについて分析し、その様相の考察を試みた。

その結果、マクミランによる保育学校の構想や、英国教育局による一九一九年発布の「英国保育学校令並に訓令」は、現代の幼保一元化に対する示唆を感じることができた。けれども、英国においても保育学校そのものの急速な普及をみなかったことがわかった。そのことが、日本における幼児教育の実践研究の大家である倉橋惣三であっても、日本での保育学校の普及[49]には貢献できなかった理由であろう。ただ、マクミランの構想した幼児学校には、保育所に幼稚園の機能を加えたという、現在の日本の「認定こども園」における一つの形式をみることができ、現代的意義という側面においてもとても興味深いし、当時の保育学校のシステムには、先見性があったといえよう。

倉橋が英国における保育学校を紹介した三年後の一九二六年、日本では「幼稚園令」が制定される。これは、幼稚園に関する日本で最初の勅令であった。同令では、幼稚園に保育時間に関する規定を削除することによって、託児所的機能を併せ持たせ、すべての子どもに幼稚園教育を与えようとした。加えて同令では保母（現在の保育士）の待遇も改善され、保育項目に新しく「観察」が加えられた。この幼稚園令の公布は、その後の幼稚園の普及発展に大きな影響を及ぼしている。保育学校の長所を紹介してきた倉橋本人も保育項目に「観察」が加えられたことによって、これまでのフレーベルの精神を尊重しながらも、形式的な恩物中心の保育は否定した(50)。倉橋による保育学校の普及は進まなかったが、彼の英国における保育学校視察の経験は、保育学校が詰め込み主義の知育を避け、子どもの心身の成長を医学的な観察ならびに、精神的・社会的な訓練から伸ばそうとした教育を行っていたように、日本の幼稚園において同様の教育方法を取り入れようとしたと考えられよう。

幼保一元化の問題は、その時代の経済情勢や、社会状況、そして子育てに対する考え方など複雑に絡み合っている。もちろん、幼保一元化することだけで、幼児教育が改善されるとは思えない。けれども、これまでの歴史的な事象に立ち止まって再考することも重要なことである。

注

（1）文部科学省・厚生労働省　幼保連携推進室ウェブサイト http://www.youho.go.jp/（2009/11/21）
（2）新田彩子「幼稚園令制定とその影響―幼保一元化をめぐる託児所令制定運動を中心に―」『お茶の水女子大学人間発達研究』第二三号、二〇〇〇年、九三頁。
（3）岡田正章編『日本』（世界の幼児教育2）、日本らいぶらり、一九八三年、六一頁。
（4）小林恵子「日本におけるナースリー・スクール」『国立音楽大学紀要』五、一九六九年、四五～七五頁、同「日本におけるナースリー・スクール（2）―最初の紹介と設立を中心に―」『国立音楽大学紀要』九、一九七五年、九九～一一七頁、ならびに同「日本におけるナースリー・スクール（3）―米国教育使節団勧告と戦後に設立されたナースリー・スクール」『国立音楽大学紀要』一一、一九七七年、四五～六一頁。
（5）中嶋一恵「イギリスにおける公教育と保育学校―保育学校の性格と1918年教育法」『教育行政学研究』第二五巻、二〇〇四年、一七

〜一二三頁。
（6）お茶の水女子大学教育・研究成果コレクションTeaPotウェブサイト http://teapot.lib.ocha.ac.jp/ocha/（2009/11/21）
（7）Nursery schoolの邦訳を巡る議論については、小林恵子（一九七五年）前掲書、九九〜一〇〇頁に詳しい。
（8）Bradburn, E.（1988）. *Margaret McMillan, Portrait of Pioneer*, Routledge, p.xi
（9）梅根悟監修、世界幼児教育史研究会編『幼児教育史Ⅱ』（世界教育史大系二二）、講談社、一九七五年、四七〜四八頁。
（10）津守真「解題」、幼児の教育復刻刊行会編『復刻幼児の教育』別巻、日本幼稚園協会、一九七九年、三〜六頁（お茶の水女子大学教育・研究成果コレクションTeaPot内特別コレクション「幼児の教育」）。
（11）フレーベル会編「婦人と子ども」（一九〇一年）表紙（お茶の水女子大学教育・研究成果コレクションTeaPot内特別コレクション「幼児の教育」より引用）。
（12）倉橋惣三「子供讃歌」（『倉橋惣三選集』第一巻）、二〇〇八年、フレーベル社、二〇七頁。
（13）倉橋惣三「英国の保育学校」『幼児教育』、第二三巻第一号、一九二三年、四〇頁（お茶の水女子大学教育・研究成果コレクションTeaPot内特別コレクション「幼児の教育」）。
（14）同右、三〇〜四〇頁。
（15）同右、三三〜三四頁。
（16）同右、三九頁。
（17）同右。
（18）社会教育調査室「資料　英国保育学校令並に訓令」文部省社会教育研究会編『社会と教化』、第三巻第三号、一九二三年、五九頁（ただし、本稿では、復刻版を活用した。小川利夫監修『社会教育』大空社、一九九〇年）。
（19）同右。
（20）同右。
（21）同右、七〇頁。
（22）「英国保育学校令並に訓令」『幼児教育』第二三巻第四号、一九二三年、一五〇〜一五二頁（お茶の水女子大学教育・研究成果コレクションTeaPot内特別コレクション「幼児の教育」）。
（23）同右、一五二〜一五七頁、および「英国保育学校令並に訓令（承前）」『幼児教育』第二三巻第五号、一九二三年、一九一〜二〇〇頁（同コレクション）。

(24)「英国保育学校令並に訓令」『幼児教育』第二三巻第四号、一九二三年、一五〇頁。
(25) 同右、一五一頁。
(26) 同右。
(27) 同右、一五三頁。
(28) 同右、一五四頁。
(29) 同右、一五四頁。
(30) 同右、一五五頁。
(31) 同右。
(32)「英国保育学校令並に訓令（承前）」『幼児教育』第二三巻第五号、一九二三年、一九一頁（同コレクション）。
(33) 同右。
(34) 同右。
(35) 同右、一九二頁。
(36) 同右。
(37) 同右、一九三頁。
(38) 同右、一九四頁。
(39) 同右、一九六頁。
(40) Bradburn. E. (1976) *Margaret McMillan: Framework of Nursery Education*, Denholm House Press, pp.89-90 より作成。
(41)「英国保育学校令並に訓令（承前）」『幼児教育』第二三巻第五号、一九二三年、一九七頁。
(42) 同右、一九八頁。
(43) 同右。
(44) 同右、一九八〜一九九頁。
(45)「英国其他諸国に於ける保育学校の近況」『幼児の教育』第二三巻第七号、一九二三年、五七〜五九頁（同コレクション）。
(46) 同右、五七頁。ならびに Ilse Forest (1929). *Preschool Education, a historical and critical study*, New York, p.292.

（47）Willem van der Eyken (1967). *The Pre-School Years*, Penguin Books, pp.73-74.
（48）「英国其他諸国に於ける保育学校の近況」『幼児の教育』第二三巻第七号、一九二三年、五八頁（同コレクション）。
（49）日本にも保育学校が開設された歴史的事実は存在する。けれども、日本のそれは英国から直接移入されたわけではなく、アメリカ人の女性宣教師たちによって開設された（岡田正章編、前掲書、六三～六四頁）。
（50）岡田正章編、前掲書。

第九章　兵庫県淡路地方における陶磁器業の近代化と津名郡陶器学校

内田　純一

一　はじめに

本章は、一八九四（明治二七）年の「実業教育費国庫補助法」公布を契機に設立された実業教育機関のうち、西洋の知識・技術の導入を通して伝統的地場産業の近代化を図った地域のものに注目した一連の研究の一つである(1)。今回取り上げるのは、兵庫県淡路地方において、地元名産の淡路焼の職工養成をめざし、一八九七（明治三〇）年一〇月に設立された、津名郡陶器学校である。同校は、全国で四校しか窯業関係の実業教育機関がなかった時期に(2)、代表的な焼物の産地とは言い難い淡路島に設立されたが、七年ほどで廃校になってしまう。そこで、本研究では、地元の期待を受けて設立された学校の取り組みと、それにもかかわらず短期間で廃校となった要因について考察する。

津名郡陶器学校に関する先行研究としては、広岡俊二と井高帰山によるものがある(3)。いずれの研究も、郡会議事録や同窓会誌など地元の史料を用い、学校設立前後の状況について詳しい記述がなされている。しかし、陶器学校が七年ほどで廃校となったため、地元の関係史料には限界があり、例えば、歴代校長の経歴や活動については十分に明らかになっていない。そこで、本章では、これまで扱われてこなかった史料（兵庫県の統計書、新聞や教育会雑誌をはじめ、全国的な窯業界雑誌など）に基づき、学校設立前後の状況、歴代校長の活動、廃校の要因など、先行研究が指摘している事柄について、補完または修正を行うこととする。

二　淡路焼の歴史と津名郡陶器学校の設立

津名郡陶器学校が設立された兵庫県淡路島には、「淡路焼」という焼物があり、その歴史は、文政年間（一八一八～一八二九年）に、三原郡北阿萬村の賀集珉平が創始した「珉平焼」に始まる(4)。珉平は、阿波徳島藩の蜂須賀家に認められて御用陶器師となり、明治維新に至る。彼の死後、親族が経営を引き継ぎ、一八八五（明治一八）年に淡陶社を組織し、一八九三（明治二六）年からは淡陶株式会社と改称する。

三原郡北阿萬村（淡路島南部）の淡陶株式会社とともに、地元の代表的な製陶所として、一八九六（明治二九）年に津名郡洲本町（淡路島中央）に設立された、淡路陶器株式会社（田村製陶所）がある。同社は、地元有力者が出資し、賀集珉平の高弟である田村福平と久平の兄弟が中心となって運営された。この会社の設立は、後述するように、津名郡陶器学校の創設と密接な関係を持つこととなる。

津名郡陶器学校が設立された一八九七（明治三〇）年度における、兵庫県の陶磁器製造品価額に占める淡路地方の割合は、五二％で最も多い（以下、播磨二三％、丹波一一％、但馬九％、摂津五％）(5)。そして、三原郡における北阿萬村（淡陶株式会社）の製造品価額の割合は九一％（二万五〇〇〇円）、津名郡における洲本町（淡路陶器株式会社）の同割合は七九％（三万二七〇〇円）で、両社が淡路地方はもちろん兵庫県全体でも代表的な製陶所であったことが分かる。

津名郡陶器学校の設立計画が公式の場で示されるのは、一八九六（明治二九）年三月の津名郡全町村組合会における郡長の説明であった(6)。その際、陶器学校設立の目的として、①地場産業の振興（後継者の養成、製品の向上）、②地元民の地場産業への従事、③農家の次男・三男の就職問題解消などがあげられた。当初の計画では、津名郡全町村組合立とし、各町村の経費負担を軽減するため、一二月に設立が予定されていた淡路製陶株式会社（洲本町）に、原料の供給、窯の使用、実習の受け入れなどの協力を得て、同社の近くに設置し、一八九六（明治二九）年の九月頃に開校する予定であった(7)。

しかし、計画は変更を余儀なくされることとなった。それは、①一八九六（明治二九）年七月に郡制が施行されて津名郡全町村組合が解散し、②国庫補助の許可条件として実習施設などを企業に依存しないことが提示されたためであり、その結果、産学協同の形態をとらず、郡立（公立）とする方針変更がなされた。そして、それに伴い、開校の時期は予定より一年ほど遅れて、一八九七（明治三〇）年一〇月となった。

先述したように、当初の設立計画では、淡路製陶株式会社との提携による後継者養成をめざしていたため、同社の所在地で、原料となる土があり、淡路の中心地でもある洲本町に陶器学校を設置する予定であった。しかし、風紀上の問題（洲本には芸妓・娼妓が多い）や通学の便を考慮して、志筑町に設置すべきという意見も出され、洲本派と志筑派の間で誘致競争が行われた。そうしたなか、当初の候補地であった洲本町の第一津名高等小学校の移転が遅れたため、すでに移転が決まっていた志筑町の第二津名高等小学校の施設・設備を利用することとなった。陶器学校の設置場所が最終的に決まったのは、一八九七（明治三〇）年に入ってのことであり、四月の郡会において志筑町へ変更する案が提出され、賛成多数で可決された(8)。

その後、六月に国庫補助（年額八〇〇円）が認可され、翌月には県と国による設置位置変更の許可が下り、一〇月の開校が決まった。なお、入学資格は尋常小学校卒業程度、授業料は徴収せず、修業年限を二か年とし、学科としては読書、作文、習字、修身、算術、理科、図画、模型、意匠、製造法実習などが設けられた。

校長には、一八九一（明治二四）年に東京工業学校の陶器玻璃工科を卒業した、黒田政憲が就任し、陶器職工の養成に向けての準備が進められた。使用が決まった陶器学校の校舎は、元高等小学校のものであり、しかも地元篤志家の倉庫（蔵）を借り受けたものであったため、生徒の指導を行う場として十分とは言い難かった。そこで、一〇月一日の開校前までに教場と実習場の一部を整え、窯の設計をし、開校後の一二月には窯も含めた各種施設・設備の工事を終えて、陶器の焼成に着手できるようになった(9)。その後も学校の整備がなされ、開校から一年後の一八九八（明治三一）年一〇月二一日に開校式が挙行された。

三　地元窯業界の発展に果たした津名郡陶器学校の役割
―初代校長黒田政憲の活動を中心に―

（一）初代校長の黒田政憲

津名郡陶器学校が地元窯業界の発展に果たした役割を考える際、初代校長黒田政憲の存在が最も重要になる。先述したように、黒田は、一八九一（明治二四）年七月に東京工業学校陶器玻璃工科を卒業し、その後、横浜衛生試験所、北海道セメント会社、農商務省地質調査所を経て、一八九七（明治三〇）年八月に津名郡陶器学校へ赴任した(10)。

黒田は、東京工業学校在学中に、「日本の近代陶業の父」と言われるお雇い外国人ワグネルの指導を受けた経験を有し、津名郡陶器学校長に就任後は、地元に限らず全国規模での窯業（教育）界発展のために精力的に活動した。

一八九八（明治三一）年四月、窯業教育の発展を図るため、石川県工業学校教員の北村弥一郎とともに発起人となり、第一回全国窯業学校聯合会を東京工業学校で開催する[11]。

全国窯業学校聯合会は、文部省・農商務省の当局者、東京工業学校教員が臨席して開かれ、全国主任議員として、黒田と北村の他に、愛知県瀬戸陶器学校長の金森清之助、愛知県常滑工業補習学校長の横井惣太郎、岐阜県多治見陶磁器講習所代表・陶磁器組合教員の熊沢治郎吉、栃木県大山田工業補習学校長の原蕃次郎などが出席した。同会では、建議案が七件、議案が一一件出され、それらのうちに黒田によるものが建議案で三件、議案で四件含まれており、例えば、「窯業学校設立は従来設立せんとする学校に於て学修すべき工業と同種の工業繁盛なる地に許可あるは素より理の然るべき所なり然れども充分調査の上原料豊富にして後来有望の土地ならば其工業皆無の地と雖も設立許可ありたき事を其筋へ建議せんとす其可否如何」（建議案）や、「窯業各学校の修業年限、学科目及其程度を一様にするの可否若し之を可とせば標準程度如何」（議案）といったものがあった[12]。

以上のように、黒田は、当時の窯業教育界で重要な位置を占める人物の一人であった[13]。次に、黒田が津名郡陶器学校長として、学校や地元窯業界の発展をめざして行った活動についてみていくことにする。

発起人の一人となって第一回全国窯業学校聯合会を開催した頃、黒田は地元で新しい焼物の開発にも取り組んでいた。学校付近で陶器原料に適した土（長石類）を発見した彼は、詳細な分析を行うため上京した[14]。その後、試験を繰り返して新たな青磁の作製に成功し、学校所在地である志筑町の旧名に基づいて「静山焼」と命名した[15]。そして、開校から一年後の一八九八（明治三一）年一〇月に行われた陶器学校開校式の饗宴において、静山焼の杯が用いられた。また、開校式と同時期に開催された津名郡教育品展覧会（志筑町）にも、学校製作品として、淡路焼や染付磁器とともに出品され、好評を得てすべて売約済みとなった。なお、この展覧会には、陶器学校生徒による作品も出展され、「同校を世人に紹介するの媒となり同校の如何に有益にして趣味あるかを知らしめたり」[16]という評価を得た。

一八九八（明治三一）年四月の第一回全国窯業学校聯合会において、黒田が「工業各学校の聯合会を開設すべき必要あり其方法如何」[17]という議案を出してから一年半ほど後の、一八九九（明治三二）年一〇月、文部省で工業学校長会議が開かれた。同会議は、全国（二府二一県）の工業学校から三二名の校長・教員が出席し、各学校長から提出された議題（一九件）について協議した。会議においては、各学校から生徒成績品が提出され、出席者によって品評されるとともに、東京工業学校附設工業教員養成所の生徒などに縦覧が許された。その際、黒田は、陶器学校生徒の成績品として、陶器四点、写生画・臨画八枚、図案五枚を提出している[18]。

以上のように、全国規模の会議へ出席したり、地元で新製品の開発に取り組む他に、黒田は、ワグネルの指導を受けた東京工業学校卒業生が組織した大日本窯業協会の会員として、淡路地方通信委員を務め、陶器学校の教員や生徒を窯業協会の会員に推薦し、地元と全国的な業界組織との橋渡しを行っている[19]。

（二）安田乙吉と小山恭太郎

一九〇〇（明治三三）年に黒田政憲が瀬戸陶器学校長として愛知県へ転任すると、一八九八（明治三一）年七月に東京工業学校附設工業教員養成所の窯業科を卒業した、安田乙吉が二代目の校長となった。安田は、黒田と同じく大日本窯業協会の会員で、津名郡陶器学校長就任前には農商務省に勤め、協会の機関誌に食器の図案（コーヒーのカップと皿で、いずれも菊を象ったデザインになっている）を紹介したり、役員（編集員）を務めたりしている[20]。陶器学校長となった後は、黒田と同様、地方通信委員を務めるとともに、地元窯業関係者や陶器学校の教員を大日本窯業協会の会員に推薦している[21]。また、一九〇一（明治三四）年九月には、大日本窯業協会創立一〇周年記念として東京の上野公園で開催された、第一回全国窯業品共進会の役員（出品部委員）を務めた[22]。なお、安田と同じ出品部委員には、黒田政憲（瀬戸陶器学校長）や田村久平（淡路製陶株式会社）の名前があり、前校長とのつながりや、地元窯業界有力者との協力関係が窺える。安田が校長となった一九〇〇（明治三三）年度の陶器学校の様子について、『兵庫県学事年報』は、まだ卒業者の数が少なく、充分な実績を上げているとはいえないが、漸次窯業関係者の注意を喚起し、製陶用薬品の分析・配合・試験・製造法などの質問に応じて相互の連絡をとり、地場産業の発展を図っていると報じている(23)。

安田が一九〇二（明治三五）年に校長の職を辞し、京都陶磁器試験所へ移った後、三代目の校長として小山恭太郎が着任した。小山は、一九〇一（明治三四）年七月に東京高等工業学校附設工業教員養成所の窯業科を卒業し、津名郡陶器学校へ赴任する前には、大日本窯業協会員として福島県の陶磁器視察を行っている(24)。そして、校長になると、初代の黒田、二代目の安田と同様、協会の地方通信委員を務め、陶器学校の生徒を会員に推薦している(25)。

また、一九〇三（明治三六）年には、低迷する淡路焼の品質向上に関する研究を行い、成果を上げている。その具体的な内容については、『大日本窯業協会雑誌』第一三八号の記事「淡路通信」を通して知ることができる(26)。同記事によると、従来、淡路焼の陶器は、素地が脆弱で釉薬はひびを生じ、液体が漏れるため、日用品として不適当であり、また、釉薬が多量の鉛を含み、飲食用容器の取締り規則に違反したため、一時名声を失墜した。さらに、価格が低廉ではないため、売れ行きも思わしくなかった。そこで、津名郡陶器学校では、同素地の原料を用い、鉛を含まない釉薬で炻器（素地が良く焼き締まり、吸水性のない焼物）を焼成した。その結果は非常に良好で、従来の淡路焼の三分の一以下の価格となり、堅牢さがあって「打てば清音を発し」、液体が漏れ出ることもなく、日用品としての条件を満たすものとなった。それゆえ、数多くの購買者が陶器学校を訪れ、注文が殺到している状況にあると伝えている。

四　津名郡陶器学校の不振と廃校

（一）陶器学校に対する期待と現実

開校間近の津名郡陶器学校の様子について、『大日本窯業協会雑誌』第六二号の記事「淡路通信」は、地元以外（京都、島根、愛媛などから四・五名）も含めて入学志願者が多く、定員（三〇名）を超過しそうな状況を伝え、「先づ陶器学校としては景気能き方かと考へらる必竟《ママ》淡路地方の窯業に熱心なるものと思はる、此景気にて永続せば淡路陶業の隆盛は期して待つべきか」[27]と述べている。また、第二節で紹介したように、東京工業学校で「日本の近代陶業の父」と言われるワグネルの指導を受けた、黒田政憲を初代校長として招き、新製品（静山焼）の開発に取り組み、地元の教育品展覧会へ出品して好評を得た。その結果、生徒募集の期限後に多数の入学申込みがあり、「若し入学期を四月に改正せば一時に四五十人は応募者あるべし」[28]と言われる状況になり、三年後の一九〇一（明治三四）年度からは、国庫補助（八〇〇円）に加えて県費補助（同）も得るようになった。

さらに、陶器学校の卒業生（第一回）には、一九〇三（明治三六）年の第五回内国勧業博覧会に出された作品が評価されて京都帝国大学の買い上げとなった者もいた。その名前は井高今平（号は帰山）で、津名郡陶器学校を卒業すると、兵庫県出石町の陶磁器試験所へ就職し、内国勧業博覧会での高い評価を経て、横浜にある宮川香山の工場へ招聘される[29]。宮川香山は、一八四二（天保一三）年、京都の代々焼物を作る家庭に生まれ、明治の初めに横浜へ移り眞葛焼の窯を開く[30]。一八七六（明治九）年のフィラデルフィア万国博覧会に出品して好評を得、一八九六（明治二九）年には帝室技芸員となる。そして、井高帰山は、香山の工場で、一九〇四（明治三七）年のセントルイス万国博覧会出品物の製作に取り組んだ。

以上のように、地元窯業界の発展につながる存在としての期待が窺えた津名郡陶器学校であったが、その一方で、一八九七（明治三〇）年一〇月の開校以来、存廃が毎年のように郡会で問題にされた[31]。第一章でみたように、設立計画（学校の設置位置）において、すでに洲本町と志筑町が対立していた。そして、開校後も、一九〇二（明治三五）年には洲本への移転を求める意見が出され、翌年には実習用石油発動機購入の予算が否決されるなど、陶器学校の運営は不安定であった[32]。

そうした状況下での入学者数をみてみると、初年度は定員（三〇名）を上回る三三名であったが、その後は二〇名前後（一三〜二五名）で推移し、一九〇二（明治三五）年度は八名、廃校となる翌年度には七名まで減少する[33]。また、中途退学者については、統計で数字が確認できる一九〇〇（明治三三）年度から一九〇三（明治三六）年度までの四年間をみると、平均で六名ほどおり（理由の大半は「家事の都合」）、この期間の生徒数が平均三〇名前後であることを踏まえると、少ない割合とは言い難い。

（二）廃校とその要因

開校以来その存廃が議論され続け、入学者数も減少傾向を示して定員を割る状況のなか、一九〇四（明治三七）年一月の郡会において、賛成多数により三月限りで廃校することとなった[34]。その際、当局者は学校の存続を訴えて再議を要求したが、否決された。そして、一九〇四（明治三七）年三月二二日に、郡長、視学、郡内各学校長、郡会議員、町村長、保護者などが参列し、第五回となる最後の卒業式が開かれた。卒業生は六名で、その大半が遠方の地へ就職・進学し、一名のみが地元の製陶所に就職した。なお、廃校後の跡地は、陶器学校卒業生などが協議した結果、製陶所として利用することとなり、そこで働いた卒業生の中には、一九〇三（明治三六）年に三代目校長の小山の紹介で大日本窯業協会会員となっている佃恭介がいた[35]。

以上のように、津名郡陶器学校は開校から七年で廃止されることになった。その要因について、先行研究（広岡）では、①設立当初から学校の位置などでもめていたこと、②地元の経費負担の問題、③一九〇三（明治三六）年に淡路高等女学校が設立（洲本町、津名・三原両郡の組合立）されて予算の関心が移ったこと、④日露戦争の勃発、⑤学校に対する地元住民の長期的な展望が無かったこと、⑥卒業生が地元に就職せず他の地方へ出て行ったことがあげられている[36]。

陶器学校の廃校を伝える新聞や雑誌の記事をみてみると、『神戸又新日報』の記事「陶器学校の廃校と卒業式」では、廃校の要因として地方費節減の問題をあげている[37]。しかし、『大日本窯業協会雑誌』第一四一号の記事「淡路通信」は、異なる見解を示している。この記事は、大日本窯業協会の地方通信委員で、陶器学校三代目の校長である小山恭太郎が書いたものと考えられる[38]。記事の冒頭には、「実業教育は漸々其萌芽を表はし日進月歩の勢を以て益々之れが必要を唱導し各地争ふて各種の実業学校を設立しつゝ、ある今日」[39]において、陶器学校が廃止されることを嘆く記述がみられる。その上で、廃校の主な理由として、①地元の人びとに「実業的即生産的観念たる高尚の理想を有する者」[40]が少なく、陶器学校の貴重な存在意義を理解できていないこと、②地元の人びとの考えが狭小で、組織した会社や組合も永続せず、党派上の軋轢が甚だしいこと、③県や郡の関係者が学校の存続に熱心でなかったことをあげ、決して「時局問題」（日露戦争）が原因ではないとしている。

この「淡路通信」では指摘されていないが、陶器学校設立時の見込みに比べて、卒業生の地元就職率が低かったことも、廃校の要因として考えられる。先述したように、陶器学校設立時の目的として、農家の次男・三男の就職問題を解消することや、地元の人びとを地場産業に従事させることが掲げられていた。

前者について、統計で数字が確認できる一九〇〇（明治三三）年度から一九〇三（明治三六）年度までの四年間をみてみると、陶器学校入学者の保護者の職業に占める農業の割合は、最も高い年度で一〇〇％、低い年度でも六三％

となっており、目的達成が図られていた状況が窺える[41]。しかし、後者の目的については、陶器学校設立の際に、同校卒業生の大半が淡路製陶株式会社［津名郡洲本町、一八九六（明治二九）年設立］へ就職する予定となっていたにもかかわらず[42]、実際には、窯業がさかんな他の地方へ流出してしまった。陶器学校開校直前の様子を伝える『大日本窯業協会雑誌』の記事にみられる、「陶器学校と謂へば当地方始《ママ》めてのもの故卒業後の如何を心配するものもある」[43]という、不安の声が現実のものとなったのである。

卒業生の進路を具体的にみてみると、例えば、第一期生の場合、淡路製陶株式会社へ就職したのは三名で、その他に、自家製陶に従事した者が一名、出石（兵庫県北部）へ行った者が二名、愛知県（名古屋と瀬戸）が二名、京都府（清水）が一名などとなっている[44]。また、最後となった第五期生では、一名が淡陶株式会社［三原郡阿萬村、一八九三（明治二六）年設立］へ就職し、その他の者は名古屋（三名）や京都（一名）へ出て行っている[45]。以上のように、地元窯業界の後継者育成が十分に達成されているとは言い難い状況を窺うことができる。

五　おわりに

実業教育の振興を目的とした「実業教育費国庫補助法」の公布から三年後の、一八九七（明治三〇）年一〇月、全国的に有名な焼物の産地とは言えない兵庫県の淡路島に、伝統的地場産業の近代化や後継者の養成をめざして、津名郡陶器学校が設立された。そして、その中心的な指導者として、東京工業学校や同校附設工業教員養成所で西洋の知識・技術を学んだ者を校長に招き、質の高い職工の養成や、新しい製品の開発に取り組み、一定の成果をあげた。

しかし、地元の期待を受けて開校したにもかかわらず、七年ほどで廃止になってしまう。その要因としては、①日露戦争による経費節減の問題、②地元住民の対立（主導権争い）による学校運営の不安定さ、③学校の方針に対する地元住民の理解度の低さ、④地元の受け皿の不十分さによる卒業生の他地方への流出などがあげられる。それらのうち、経費節減（財政問題）が一般的な要因とされていたが、より本質的なこととして、地元住民の学校に対する中・長期的な展望（卒業生の受け皿なども含めた）の不足があると考えられる。伝統的地場産業と密接な関連を有する教育機関の場合、その運営には地元関係者の理解と協力が不可欠であり、学校と業界の連携強化を図るために研究・競技会を設け、知識や技術を共有するといったことが必要となる。初代校長の黒田が転任した瀬戸陶器学校では、彼によってそのような活動が行われ、地元における学校の存在意義が高まり、地場産業の発展へとつながっていった(46)。しかし、津名郡陶器学校の場合、先行研究における指摘も含めて、管見の限りそのような活動は確認できない。校長として当時の窯業教育界を代表する人物を招いたことは共通しているが、学校と地元関係者の連携という点においては対照的な状況がみられる。そのような違いが、津名郡陶器学校は七年ほどで歴史を閉じるのに対し、瀬戸陶器学校は現在においても存続しているということと関連がないとは言えないと考えられる。

注

（1）筆者は、これまでに、愛知県の瀬戸陶器学校と知多郡豊醸組合立実業補習学校について研究し、論文にまとめている。「瀬戸陶器学校における海外窯業技術の移入—東京工業学校卒業生を通して—」名古屋大学大学院教育発達科学研究科教育史研究室『教育史研究室年報』第六号、二〇〇〇（平成一二）年七月、一〜二四頁。「明治期知多地方における酒造業と実業教育機関—西洋醸造技術の移入を通して—」名古屋大学大学院教育発達科学研究科教育史研究室『教育史研究室年報』第八号、二〇〇二（平成一四）年七月、一〜一九頁。

（2）「明治三十年度実業学校国庫補助一覧（其二）」『実業教育』第一巻第二号、一八九七（明治三〇）年一二月、二〇〜二三頁。当時、福島県の本郷窯業徒弟学校、佐賀県の有田徒弟学校、愛知県の瀬戸陶器学校と常滑工業補習学校が存在した。

（3）広岡俊二「津名郡立陶器学校について」『淡路地方史研究会会誌』第一一号、一九七五（昭和五〇）年六月、八七～一〇一頁。井高帰山「津名郡立陶器学校に学んだ若者たち」『陶説』第三八七号、一九八五（昭和六〇）年六月、五五～五九頁。
（4）津名郡洲本第一尋常高等小学校編『洲本誌』（上巻）、一九二七（昭和二）年、同前広岡「津名郡立陶器学校について」を参照。
（5）『兵庫県第十五回勧業年報』、一八九九（明治三二）年、一四二頁。
（6）前掲広岡「津名郡立陶器学校について」、八八頁。
（7）同前、九五頁、津名町郷土学習資料委員会編『ひらけゆく津名町』、一九六六（昭和四一）年、八〇頁、津名町史編集委員会編『津名町史』（本編）、一九八八（昭和六三）年、五七五頁、「津名陶器学校」『大日本窯業協会雑誌』第四六号、一八九六（明治二九）年六月、三五〇頁を参照。『大日本窯業協会雑誌』は、御雇い外国人ワグネルの指導を受けた東京工業学校卒業生有志によって組織された大日本窯業協会の機関誌で、一八九二（明治二五）年九月に創刊される。
（8）同前『津名町史』、五七五頁、「淡路陶器学校」『大日本窯業協会雑誌』第五八号、一八九七（明治三〇）年六月、三四三頁を参照。
（9）「淡路通信」『大日本窯業協会雑誌』第六二号、一八九七（明治三〇）年一〇月、四九〇頁、「淡路通信（廿日発）」『神戸又新日報』、一八九七（明治三〇）年一二月二二日を参照。
（10）『化学工芸会誌』（東京工業学校）と『大日本窯業協会雑誌』の会員異動に関する記事を参照。『化学工芸会誌』は、東京工業学校化学工芸部の生徒や卒業生によって組織される化学工芸会の機関誌で、一八九四（明治二七）年六月に創刊される。黒田政憲も化学工芸会の特別会員となっている。なお、津名郡陶器学校長在任期間の前後も含めた、黒田の海外窯業技術摂取に関する具体的な活動については、前掲筆者稿「瀬戸陶器学校における海外窯業技術の移入」を参照のこと。
（11）「窯業関係学校聯合会」『大日本窯業協会雑誌』第六八号、一八九八（明治三一）年四月、七八八頁、「全国窯業学校聯合会」『大日本窯業協会雑誌』第六九号、一八九八（明治三一）年五月、八四五～八四六頁、「全国窯業学校聯合会」『実業教育』第二巻第一二号、一八九八（明治三一）年六月、二八頁を参照。黒田とともに発起人となった北村弥一郎は、一八九〇（明治二三）年七月に東京工業学校陶器玻璃工科を卒業し、一八九五（明治二八）年一〇月に愛知県瀬戸陶器学校の初代校長に就任する。黒田との関係では、東京工業学校陶器玻璃工科の一年先輩になり、瀬戸陶器学校長としては二代前の校長となる。
（12）同前「全国窯業学校聯合会」、二八頁。
（13）前掲広岡「津名郡立陶器学校について」では、黒田政憲について、津名郡陶器学校長を辞めた後に瀬戸や有田の陶器学校長となったことや、「当時としては、東京工業学校卒の一流の専門家」（九七頁）であったことが述べられているが、詳しい経歴や陶器学校での活動については具体的な記述がない。また、一八九九（明治三二）年の郡会議事録に基づいて、年一回校長が全国窯業学校長会へ出張していることを指摘しているが、その具体的な内容に関する記述もみられない。

(14)「陶器原料土の発見」『大日本窯業協会雑誌』第六九号、一八九八（明治三一）年五月、八四六頁。

(15)「淡路通信」『大日本窯業協会雑誌』第七七号、一八九九（明治三二）年一月、一六三頁。大島敬吉（津名郡陶器学校の教員）による。

(16)「教育品展覧会一束」『私立兵庫県教育会雑誌』第一一一号、一八九八（明治三一）年一一月、三三頁。

(17)前掲「全国窯業学校聯合会」、二八頁。

(18)文部省専門学務局編『工業学校長会議要項』、一八九九（明治三二）年、四四頁。なお、黒田は、工業学校長会議の四か月前に開催された、第二回津名三原両郡聯合教育会で、「工業教育に就て」と題する演説を行っている〔「第二回津名三原両郡聯合教育会」『私立兵庫県教育会雑誌』第一一九号、一八九九（明治三二）年七月、三〇〜三一頁〕。

(19)『大日本窯業協会雑誌』第八四号、一八九九（明治三二）年八月に、淡路の地方通信委員として、田村久平（淡路製陶株式会社）とともに黒田の名前がある。また、同第六五号、一八九八（明治三一）年一月、六五四頁と、第七二号、同年八月、九七四頁をみると、魚崎春蔵（津名郡陶器学校の生徒）、藤岡桂之助（津名郡陶器学校の教員）、大島敬吉（同）が、黒田の紹介で新入会員になっていることが分かる。黒田は、一九〇一（明治三四）年に、カール・ランゲンベックの『陶器製造化学』を翻訳している。その理由について、近年陶磁器業に関する諸工業学校が設立され、そこで用いる教科書や参考書の需要は多いにもかかわらず、適当な著書や翻訳書が乏しい状況をあげている（序言の三〜四頁）。この翻訳は、一九〇〇（明治三三）年に瀬戸陶器学校長として愛知県へ転任した後のことであるが、「序言」をみると、本来は津名郡陶器学校在勤中に行う予定であったこと、それが種々の事情で大幅に延期となったことが記されている（五頁）。

(20)『大日本窯業協会雑誌』第五七号、一八九七（明治三〇）年五月の「意匠標本」欄で、安田による「咖啡碗図案」が紹介されている。また、同第八四号、一八九九（明治三二）年八月の「大日本窯業協会役員」の中に、編集員として安田の名前がある。なお、前掲広岡「津名郡立陶器学校について」では、安田乙吉について、「東京工業学校卒の陶器専門家」（九七頁）という記述があるのみで、黒田の場合と同様、安田の経歴や陶器学校での活動に関する具体的な説明はない。

(21)『大日本窯業協会雑誌』第九六号、一九〇〇（明治三三）年八月に、淡路の地方通信委員として、田村久平とともに安田の名前がある。また、同第九八号、一九〇〇（明治三三）年一〇月、六三三頁と、第一一七号、一九〇二（明治三五）年五月、三八二頁をみると、蘆原政憲（津名郡山田村の陶磁器製造業）、馬場梅吉（津名郡陶器学校の教員）が、安田の紹介で新入会員になっていることが分かる。

(22) 大日本窯業協会編『全国窯業品共進会報告第一回』、一九〇二（明治三五）年、一・八頁。
(23)『兵庫県学事年報自明治三十三年至明治三十四年』、一九〇二（明治三五）年、一二頁。
(24)『大日本窯業協会雑誌』第一二号、一九〇二（明治三五）年九月の記事「福島県下陶磁器視察報告」（一～二六頁）は、小山を含めた会員五名によるものであり、会津の本郷窯業徒弟学校などに関する報告がなされている。なお、前掲広岡「津名郡立陶器学校について」では、三代目校長は不明となっている。
(25)『大日本窯業協会雑誌』第一三号、一九〇二（明治三五）年一一月、一一九頁と、同第一二八号、一九〇三（明治三六）年四月、三二六頁をみると、森清助（津名郡陶器学校の生徒）、佃恭介（同）が、小山の紹介で新入会員になっていることが分かる。
(26)「淡路通信」『大日本窯業協会雑誌』第一三八号、一九〇四（明治三七）年二月、二一七～二一八頁。地方通信委員でもある三代目校長小山恭太郎による記事。
(27) 前掲「淡路通信」（第六二号）、四九〇頁。地方通信委員の田村久平（淡路製陶株式会社）による。
(28) 前掲「淡路通信」（第七七号）、一六四頁。なお、津名郡陶器学校の入学時期は、教育品展覧会の二年後、一九〇〇（明治三三）年から四月始期制に変更される。また、県費補助については、二年目の一九〇二（明治三五）年から一〇〇〇円に増額される。
(29) 前掲「淡路通信」（一三八号）、二一八頁。
(30)『大日本人名辞書』（第四巻）講談社、一九七四（昭和四九）年［復刻原本は一九三七（昭和一二）年］、二六一一頁、『日本人名大事典』（第六巻）平凡社、一九七九（昭和五四）年［復刻原本は一九三八（昭和一三）年、『新撰大人名辞典』］、一一三頁を参照。
(31)「陶器学校の廃校と卒業式」『神戸又新日報』、一九〇四（明治三七）年三月二四日。
(32) 前掲『津名町史』、五七七頁。
(33) 一八九八（明治三一）年度から一九〇二（明治三五）年度の『兵庫県学事年報』、一九〇三（明治三六）年度の『兵庫県統計書』を参照。前掲広岡「津名郡立陶器学校について」では、一九〇一（明治三四）年度から生徒募集は行われていない［一九〇二（明治三五）年度で廃校する見込みであったと推定］とされているが、一九〇二（明治三五）年度も入学者はおり、廃校は一九〇三（明治三六）年度のことである。
(34) 前掲「陶器学校の廃校と卒業式」、前掲『津名町史』、五七七頁を参照。
(35)「淡路通信」『大日本窯業協会雑誌』第一四一号、一九〇四（明治三七）年五月、三三四頁、「会員転居」『大日本窯業協会雑誌』第一六五号、一九〇六（明治三九）年五月、七三〇頁、前掲井高「津名郡立陶器学校に学んだ若者たち」、五九頁を参照。

(36) 前掲広岡「津名郡立陶器学校について」、九一～九二頁。
(37) 前掲『洲本誌』でも、日露戦争による経費節減の影響が廃校の要因としてあげられている（八四頁）。
(38) 前掲「淡路通信」（第一四一号）、三三二～三三四頁。この記事の執筆者は、通信員「蘆州生」となっており、自身のことを、廃校を機に同地を去ることになった者と説明している。なお、「会員転居」『大日本窯業協会雑誌』第一四二号、一九〇四（明治三七）年六月、三九〇頁によると、廃校後、小山恭太郎は三重県立四日市商業学校へ赴任している。
(39) 同前「淡路通信」、三三二頁。
(40) 同前、三三三頁。
(41) 注（33）（入学者数）と同じく、一八九八（明治三一）年度から一九〇二（明治三五）年度の『兵庫県学事年報』、一九〇三（明治三六）年度の『兵庫県統計書』を参照。
(42) 「淡路国津名陶器学生」『大日本窯業協会雑誌』第五五号、一八九七（明治三〇）年三月、二三三頁。
(43) 前掲「淡路通信」（第六二号）、四九〇頁。
(44) 「陶器学校の近況（淡路）」『大日本窯業協会雑誌』第一一六号、一九〇二（明治三五）年四月、三一七頁。
(45) 前掲「陶器学校の廃校と卒業式」。なお、前掲井高「津名郡立陶器学校に学んだ若者たち」では、同窓会誌『千鳥』の第一号［一九一〇（明治四三）年五月］に基づき、第一期から第五期までの卒業生の消息を紹介している（五七～五八頁）。
(46) 具体的な活動については、前掲筆者稿「瀬戸陶器学校における海外窯業技術の移入」を参照のこと。

第十章　大津裁縫塾における近代的教授法と洋服縫製技術の摂取

山下廉太郎

一　はじめに

日本での近代学校の成立は、西洋からの影響を多分に受けていたことは周知の事実である。明治維新後、それまでに日本で展開していた民衆教育、すなわち寺子屋などでは個別学習がなされてきたため、近代学校の成立とともに、一斉教授法の確立が急務の課題となっていた。それは裁縫教授についても同様であった。それゆえ、学校教育に適した方法、後述するような褄形や雛形といった教具を使用する近代的教授法が考案されていった(1)。他方、この時期には西洋の食文化や服飾文化など、さまざまな文化が本格的に日本へと流入する。衣服について、例えば教員の職服として早くから洋服が指定されたように、都市部だけではなく農村部にも徐々にではあるが浸透していった(2)。

これまで筆者は近世から近代にかけて数多く存在した、近世からの水脈を引く裁縫塾の実態の解明に関心を持ち続けてきた。なぜなら、裁縫塾は女子教育の一翼を担っているだけではなく、近代学校との接合点も見受けられるからである(3)。しかし、管見の限りにおいて、裁縫塾に関する体系的な研究はほとんど皆無に等しい。こうした現状を踏まえ、数少ない先行研究を提示し、問題点を指摘した上で、本章の課題を設定していくことにしたい。

裁縫塾についての研究は、主として民俗学による成果が挙げられるだろう。例えば、野上彰子や榎陽介は、茨城県下妻を対象とし、「東京」と「学校」というキーワードを裁縫師匠に見いだし、裁縫塾での教育に雛形などを用いた近代的教授法が適用されていたことを明らかにしている(4)。また、島立理子は、房総地域を対象に据え、裁縫塾が近代学校教育の影響を受けていたことを指摘している(5)。しかし、これらの研究では、第一に、総じて大正期以降の裁縫塾を対象としていることにより、近世との連続性が垣間見える明治期の裁縫塾において、どのような教育がなされていたのかは解明しきれていないという限界点がある。第二に、裁縫女学校などを卒業した者が裁縫塾を担っているため、近代学校教育の影響が普遍的に裁縫塾に反映していたかのような印象を与えてしまう問題点がある。

したがって、このような点を念頭に置き、次のような課題を提起したい。第一として、近世からの伝統的な裁縫教育を受けており、近代学校教育を享受していない女性が開設した裁縫塾を対象にして、そこでの教育内容を概観する。その際、そのような裁縫師匠たちは、近世から連綿と続き、自らが学んできた裁縫技術の伝承に終始貫徹したままであったのであろうか、という疑問が浮上する。そこで、第二として、その疑問を解明するために、教育内容の変化について言及する。こうしたことにより、明治期の裁縫塾の様態の一端が提示できるだろう。

そこで本章では、一八八八（明治二一）年から一九二一（大正一〇）年頃にかけて、愛知県額田郡坂崎村(6)にて主に活動していた大津裁縫塾を事例に掲げる。その理由は二つある。第一に、裁縫師匠であった大津右は近代学校の教育を享受していた形跡は見当たらないからである。にもかかわらず、第二に、同裁縫塾では近代的教授法や洋服縫製技術を摂取していた痕跡が存在するからである。なお、先述した課題を克服する方法として、史料・モノ・聞き取り(7)を複合的に活用することにしたい。

二　大津裁縫塾について

（一）大津右と主要人物の紹介

まず本章での主要人物について、その略歴を簡単に紹介しておきたい(8)。

大津右は、岡崎藩士であった辻葩弼成の長女として、一八六五（慶応元）年に出生している。一九〇七（明治四〇）年、坂崎尋常小学校裁縫科代用教員拝命の際に提出した履歴書の控からは、大津右の学習歴を把握することができる。そこには次のように記されている。

史料１「履歴書控」(9)

〔欄外に「控」〕

履歴書

大津　右

慶応元年四月生

一生所　三河国額田郡岡碕（ママ）町康生

一明治四年十二月ヨリ仝十二年五月マデ佐々木□□ニ就キ裁縫ヲ修業シ、傍五年間佐々木清十郎ニ就キ読書ヲ勉強ス

一明治十二年六月ヨリ十六年十二月マデ岡碕（ママ）町自宅ニ於テ裁縫勉強ノ傍、父〔辻葩弼成〕ニ就キ一年間読書~~ヲ~~算術ヲ習フ

一明治十七年二月ヨリ廿一年九月マデ上地ニ於テ家事ノ傍、児童ニ裁縫ヲ教授ス

一明治廿一年十月ヨリ四十年本月マデ坂崎ニ於テ家事ノ傍、裁縫ヲ教授ス

右之通り相違無之候也

明治四十年一月　大津　右

〔抹消線は見せ消ち、□は伏せ字、以下同じ〕

ここからは、一八七一（明治四）年より一八八三（明治一六）年までの約一三年間、最初は佐々木某に就き、それ以後は自宅において裁縫修業を積んでいることがわかる。同時に、近代学校の教育を享受していないことも確認できる。

ところで、大津右の裁縫師匠であった佐々木某は一体どのような人物だったのか。そのことを紐解く記述として、「一明治四年一二月ヨリ仝一二年五月マデ佐々木□□ニ就キ裁縫ヲ修業シ、傍五年間佐々木清十郎ニ就キ読書ヲ勉強ス」という部分に注目したい。佐々木清十郎に関しては「士族名簿」に記載がなされている(10)。そこから、佐々木清十郎は岡崎藩士であったこと、一八七五（明治八）年時点では四四歳だったことが判明する。他方、佐々木某については、大津嶋次郎の記した「日記」(11)の一九〇九（明治四二年）年九月五日・一二日条には、それぞれ「佐々木□□殿二日午前五時死亡之通知、岡碕《ママ》康生三沢□□より本日端書来」「本日家内田鶴ト共ニ岡碕《ママ》へ行キ夕方帰ル、サ、キノ師匠死去ニ付悔ニ至ル」とある。一連の史料を照合すると、佐々木某は武家の女性であり、佐々木清十郎の妻であったと同定できるだろう。つまり、大津右の裁縫師匠は武家の女性であった。

一八八〇（明治一三）年頃には、額田郡大平村において、明治初年まで寺子屋を営んでいた大津多見造の息子であり、後に坂崎尋常小学校長となる大津嶋次郎へと嫁いでいる。一九〇七（明治四〇）年に坂崎尋常小学校裁縫科が設置された際、裁縫師匠を兼務しながら、一九一六（大正五）年まで同校にて裁縫科代用教員として奉職している(12)。

次に、大津嶋次郎について述べておきたい。大津嶋次郎は大津家二代目当主であり、一八五八（安政四）年に生まれている。その職歴をみてみると、一八八〇（明治一三）年から一八八七（明治二〇）年まで上地学校に勤務、同校閉鎖後は福岡学校坂崎分校訓導として、一八九二（明治二五）年、坂崎尋常小学校設立以降は同校訓導として、一九〇〇（明治三三年）年からは同校長兼訓導として一九一五（大正四）年まで奉職している(13)。このような大津嶋次郎の教員としての職歴が、大津裁縫塾の裁縫教育内容の変化に影響を与えていたことは想像に難くないだろう。また、大津嶋次郎は「日記」[14]を記しており、大津裁縫塾の動向の一端を窺い知る史料として注目に値する。

では、長濱田鶴についてみてみよう。長濱田鶴は、一八九四（明治二七）年、大津右の妹である長濱しょうの長女として出生している。一九〇三（明治三六）年五月、九歳にて大津裁縫塾へと入門、大津家に寄留しながら坂崎尋常小学校へと通っている。一九一二（明治四五）年には、三代目当主となる大津米太郎と祝言をあげることになる[15]。

ここで、長濱田鶴の学歴について確認しておこう。一九〇五（明治三八）年三月、坂崎尋常小学校を卒業しているが[16]、その後、高等女学校や裁縫女学校をはじめとする上級学校へと進学した形跡はないという。ここで特記しておきたいのは、長濱田鶴が大津裁縫塾の門人として習得したと思われる衣服縫製技術などを活用している様子を、自身の「日誌」[17]に綴っていることである。

（二）　大津裁縫塾の概要と坂崎尋常小学校との関係

ここでは、大津裁縫塾の簡単な概要、そして同裁縫塾と坂崎尋常小学校との相互関係をみていきたい。

大津裁縫塾は【史料1】からもわかるように、当初は額田郡上地にて開業する。その後、一八八八（明治二一）年には額田郡坂崎に移転している。教授科目は、裁縫塾開設当初は裁縫のみを教えていたが、一八九二（明治二五）年頃から裁縫と三味線・琴を併せて習う門人が確認できる[18]。一九〇六（明治三九）年頃には華道・茶道の教授が開始されるようになった[19]。

門人に関して、旧旗本の娘、教員・吏員の娘、寺院の娘、農民の娘などをはじめ、時には女性教員が琴や華道・茶道の門人として入門する事例も散見でき、幅広い階層の門人が大津裁縫塾には混在していたのだった。

以上、大津裁縫塾の概要をみてきた。それでは、同裁縫塾と坂崎尋常小学校との相互関係を確認しておこう[20]。

一八八八（明治二一）年の町村制により、それまでの長嶺村・久保田村・坂崎村が合併し、行政村としての坂崎村が誕生している。そのことを受けて、第二次小学校令に基づき、一八九二（明治二五）年には坂崎村立坂崎尋常小学校が設立されることになる。その後、合併や村名改称にともない設立母体名は多少変化するものの、一九四〇（昭和一五）年までは単独の尋常小学校として、その位置付けは基本的には変化していない。同校の様態に目を向けると、少なくとも明治期に関して、教員数は大津嶋次郎を軸として二名から三名程度、教室・学級数はともに二つ[21]、と小規模なものであった。このような状況の下、裁縫科加設の認可を受け、設置がなされたのは一九〇七（明治四〇）年二月になってからのことであった[22]。

それでは、裁縫科が設置される以前はどのような状態だったのだろうか。「沿革誌」や「学校一覧表」[23]を披見する限り、大津裁縫塾が坂崎尋常小学校の裁縫科分教場として指定されていた形跡は確認できない。ところが、裁縫科が設置された一九〇六（明治三九）年度より以前に同校を卒業した女子生徒の半数以上が大津裁縫塾へと入門[24]、のみならず、裁縫塾と小学校とを並列して通う、いわゆるダブル・スクール現象までもが生じているのである。そのことを端的に物語っているのは、先に紹介をした長濱田鶴である。こうした背景には、少なくとも裁縫科が設置されるまでの間、大津裁縫塾の役割として坂崎尋常小学校の裁縫科を部分的に補完する機能も包含していたと考えても差し支えはないだろう。

三　近代的教授法の痕跡と摂取時期の比定

大津右は【史料1】からもわかるように、その学習歴には近代学校教育を享受した形跡は見当たらない。裁縫塾を開設した当初は、大津右自身が習得してきた近世来の教育がなされていたものと推測できる。ところが、大津裁縫塾には近代的教授法を摂取したと思われる痕跡が存在している。それは、褄形であり、雛形である。

（一）褄形について

大津裁縫塾の門人帳の一つである「女子入門帳　明治三十一年十月改」[25]には、「第○○号つま形与フ」「つま形与」という記載がなされている。そこで、褄形を与えられた人物名と授与年月日などをまとめたものを【表1】「褄形授与履歴」として掲げた。【表1】からは、少なくとも二〇名の門人に対して褄形が付与されていることがわかる。五番目に授与された大久保某について、祝儀帳の「明治三二年八月　盆礼」として「大久保□　つま形礼」とあることから、少なくとも褄形は一八九九（明治三二）年段階では大津裁縫塾に摂取されていたことになる。さらに踏み込むと、最初に褄形を付与された藤井某は、一八九二（明治二五）年から一八九四（明治二七）年までに入門したものと推定できることから[26]、少なくとも一八九二（明治二五）年から一八九九（明治三二）年の間に褄形の摂取がなされていたと判断できる。

ところで、褄形とは一体どんな教具だったのだろうか。簡単に説明を加えておく。褄形、とりわけ渡辺式裙（褄）形の説明では、

> 袷仕立てのきものには裙袘を出す。その前端を裙（褄）と呼び、剣先の形に仕立てるのがよいとされる。この仕立てには技術を要し、仕立ての中でも難しい部位なので彼〔渡辺辰五郎〕は形紙の使用を考案したのである。これも広く学校教育の中に採用された。[27]

とされ、学校教育の現場にて使用されている教具であった。また、「裁縫教育の改革家」[28]と称される小出新次郎は、褄形について次のように述懐している。

〔前略〕地方に於て彼の褄形の必要を感じましたから二たび東京に帰りまして富華学校の一部を借り受け仮教場に宛て、教授を始め、又一方には其事業を助ける為めにつま形と之に供ふ秘傳集と名称した一小冊子を出版いたしました〔中略〕各学校の教師が褄の部分縫を教授する時になつて、仮に一人の教師が五十人宛の生徒を預つて居るものとし一人の生徒が三枚宛褄形を要するとしても大したものである。八方から迫られて其時にないといふやうなことは責任が立ぬので多額の模造紙を買込んでどしく拵へたのです〔後略〕[29]

表１　褄形授与履歴

褄形授与番号	名前	授与年月日
1	藤井□□□	記載無し
2	本田□□	記載無し
3	中村□□	記載無し
4	早川□□	記載無し
5	大久保□	（明治32年）※１
6	三浦□□	記載無し
7	中村□□	記載無し
8	杉浦□□	記載無し
9	佐橋□□□	記載無し
10	平岩□□	記載無し
11	山本□□	記載無し
12	中村□□	記載無し
13	渡津□□	記載無し
14	早川□□	記載無し
15	近藤□□	記載無し
16	鈴木□□	明治37年8月26日
17	太田□□	明治38年2月
18	本田□□	記載無し
19	小山□□	記載無し
20※２	鈴木□□	記載無し
21	—※３	—
22	林□□	記載無し
23	中村□□	記載無し
24	金沢□□	記載無し
25	中村□□	記載無し
26	鈴木□□	記載無し
27	黒柳□□	大正6年9月2日
28	橋□□□	大正8年4月
—※４	三浦□	大正11年2月6日

出典：「女子入門帳　明治三十一年十月改」大津家所蔵、「日記」大津家所蔵。
※１…「二季祝儀記　明治廿七年一月ヨリ　大津氏」（大津家所蔵）の記載により判断。
※２…「裙形廿」と記されている。
※３…「山田□□」と「小林□□」は「つま形（褄形）与」とのみ記載。よって、褄形番号は判断出来ず。
※４…「三浦□」のみは「日記」に記述が見られる。よって、褄形番号は判断できず。

ここから、小出新次郎の考案した褄形は「秘傳集」と共に作成されたこと、学校教育のために大量に作成されていたことがわかる。とりわけ「秘傳集」については、次節にてふれることにしたい。

(二) 雛形について

現在、大津家には約五〇点の雛形が現存している。それらをまとめたものが【表2】「雛形一覧表」である。【表2】からは、和裁に関する雛形だけではなく、洋裁に関する雛形までもが存在していることがわかる。雛形の摂取時期を比定するにあたって、注目したいのは、No.46とNo.50に示した雛形であり、長濱田鶴が作成したと推定される雛形である。作成された時期については、長濱田鶴が大津裁縫塾へと入門した一九〇三（明治三六）年から、少なくとも大津性を名乗ると考えられる、つまり大津米太郎と祝言をあげた一九一二（明治四五）年までの間と比定できる。このことに鑑み、大津裁縫塾での雛形の摂取は一九〇三（明治三六）年から一九一二（明治四五）年までにはなされていたと判断できよう。

ここで雛形の説明をしておきたい。雛形、なかでも渡辺式雛形について、

実物を扱う前に第一段階として、雛形で理解させる工夫をしたのである。それには、縮尺で割出すと簡単に出来て、小学生にも分かりやすいと考えた。〔中略〕この雛形による教授法は後年全国の学校教育に採用され、雛形尺は度量衡の検定試験にも通過している。(30)

と説明がなされているように、褄形と同じく学校教育に用いられた教具だった。当時の小学校の教授細目をみてみよう。例えば、大津裁縫塾の位置した、愛知県三河地域に属する北設楽郡の教授細目を取り上げてみたい。一九〇一（明治三四）年の小学校尋常科・高等科における裁縫科に対する「注意点」では、「裁縫教室ニ備へ置クベキ器具及ビ

表２　雛形一覧表

No.	名称	備考	内容・特徴
1	(和裁雛形)	印あり	狩衣のようなもの、茶地に三角形の模様、裏地緑
2	(和紙製の袴)	「明治三十六年」と書かれた紙使用	—
3	(和紙製の和服用羽織ヵ)	「甲上々」とあり	—
4	(和裁雛形)	印あり	紫
5	十徳利休流	印あり	濃紫
6	布衣信	印あり	黒
7	(和裁雛形)	印あり	紫、同じ布でエプロン挟み込み
8	男大人十布裁襠高袷袴	印あり	鹿の子柄
9	(帽子)	印あり	黒
10	単本重	印あり	黒地格子柄
11	(和裁雛形)	—	白地に縞
12	(和裁雛形)	印あり	蚊帳の雛形
13	袷股引	印あり	表は黒地、裏青地
14	(和裁雛形)	印（大）あり	黒地、股引？
15	西洋寝巻	印あり	—
16	(洋裁雛形)	印あり	ワイシャツ？
17	男海水浴衣	印あり	—
18	ホワイトシャツ	印あり	スタンドカラー
19	普通シャツ	印あり	スタンドカラー
20	(ネクタイ)	—	—
21	ヒナスケ	印あり	白地と赤地
22	二三裁ヅボン下	—	—
23	胸当	印あり	—
24	半袖シャツ	印あり	スタンドカラー
25	(和裁雛形)	—	濃紫、股引？
26	釣台油簞	印あり	青地
27	腰廻附ツボン下	印あり	—
28	両掛油簞	印あり	青地
29	長持油簞	—	青地
30	笥簞油簞	印あり	青地
31	紐附ヅボン下	印あり	—
32	股引仕立ヅボン下	印あり	—
33	女キヤルマタ	印あり	—
34	紐付寝冷不知	印あり	—
35	女海水浴衣	印あり	—
36	(洋裁雛形)	印あり	白くて丸い帽子が２点
37	鋏箱油簞	—	—
38	(紐)	—	茶と緑の組合わせ
39	(和裁雛形)	—	今でいうパッチワーク、袖には格言の刺繍あり
40	(和裁雛形)	—	縞模様、ピンク色の紐付
41	本比翼	印あり	—
42	(和裁雛形)	—	袖付き
43	(和裁雛形)	—	袖無し、上記と同じ布使用
44	(和裁雛形)	—	袴、紺地に黄色の縞
45	(和裁雛形)	—	袴、黄色
46	(和裁雛形)	「甲二　長濱田鶴」とあり	袴、黄色
47	(袋状に縫われた袋)	—	黄色、２点
48	(和裁雛形)	—	袖無しの状態、上記はこの袖部分か
49	(和裁雛形)	—	裾の練習部分か
50	(和裁雛形)	「甲　長濱田鶴」とあり	袖の練習部分か
51	(和裁雛形)	—	破損がひどく原型をとどめていない

標本」として「各種衣服ノ雛形」が挙げられている[31]。

四　近代的教授法・洋服縫製技術の摂取と展開

（一）近代的教授法・洋服縫製技術の摂取の一機会

前節では、大津裁縫塾に近代的教授法が摂取された時期の指標を提示してきた。本節では、近代的教授法と洋服縫製技術の摂取の一機会についてみていきたい。その際、「日記」の一九〇一（明治三四）年三月五日・九日条を取り上げる。そこには、それぞれ「裁縫専科教員養成所長小出新次郎方江手紙ヲ出ス」「東京麹町区上二番町九番地裁縫専科教員養成所ヨリ秘傳集及つま形送り来ル」と記載がなされている。ここでは、東京から送付されてきた「秘傳集」について着目していきたい。

この「秘傳集」は小出新次郎が著した『和服裁縫秘傳集』と類推できる。しかし、『和服裁縫秘傳集』は何回にもわたり版が重ねられており、一九〇一（明治三四）年三月段階で大津裁縫塾へと送付されてきた『和服裁縫秘傳集』の内容を把握する必要性がある。その基礎作業として、現存する『和服裁縫秘傳集』のうち、一九〇一（明治三四）年一二月九日発行のものと、一八九九（明治三二）年九月一三日発行のものとを比較し、内容に差異があるかどうか確認をしておきたい。そこには、「西洋胸掛裁方及縫方」や「ズボン下裁方及縫方」とあるように、どちらにも洋服の縫製方法が記されている[32]。したがって、大津裁縫塾では少なくとも一九〇一（明治三四）年段階には、洋服縫製技術がすでに摂取されていたとみなすことができるだろう。さらには、褄形の摂取の機会をもみてとれる[33]。

他方、雛形ついて、その摂取の機会は詳らかにならない。しかし、「日記」をみると、例えば一九〇三（明治三六）

年六月二三日条に「佐橋□殿〔門人〕へ裁縫教授書文典等五冊送ル」とあるように、大津裁縫塾には裁縫に関するさまざまな書籍が存在している。この点に鑑みれば、雛形が現存していたとしても違和感はないだろう。

このように、大津裁縫塾では大津嶋次郎を通じて近代的教授法や洋服縫製技術の摂取を行なっていたのである。

（二）大津裁縫塾における洋服縫製技術の展開

ここでは大津裁縫塾へと摂取された洋服縫製技術が果たして実態レベルで展開されていたのかどうか、検討を試みたい。ここで使用する史料は長濱田鶴の綴った「日誌」である。まずは史料の説明をしておきたい。長濱田鶴の綴った「日誌」は、表題には「日誌（五）」とのみ表記されており、いつ作成された史料なのか、その年代を特定する必要性が生じてくる。大津嶋次郎の記した「日記」と「日誌」とを比較すると、日付、曜日、出来事に鑑みて、一九一一（明治四四）年に綴られたものと比定できる。

長濱田鶴が裁縫科のない坂崎尋常小学校を卒業し、上級学校へと進学していないことは先述したとおりであり、「日誌」の中に記載されている衣服縫製技術は大津裁縫塾で習得したものであると十分に考えられる。換言すれば大津裁縫塾での教育内容の一端を示しているといえるだろう。

例えば、「日誌」には、

〔五月三日条〕

三日、水曜日、晴、いつになき心地よき日なり

午前中は洗濯をなし又はり物をなす、ふくさんの単着物仕立上げたり

〔五月四日条〕

四日、木曜日、曇り雨となる
午前中はしづかなる雨なりしが、午後に至りて少しく風出でふきぶりになりたり、本日は父上の（ひきぶとんを）作りたり
〔五月二十一日条〕
廿一日、日曜日、雨天
六供の（本田さんのもんのつきたるふくさ）を縫ひたり
〔傍線筆者、（　）表記は原文のまま、以下同じ〕

とあるように、基本的には和裁に関連する記述が中心となっている。ところが、

〔七月二十一日条〕
廿一日、金曜日、晴、よく天気のつゞく事かな、今朝六時より土用なりと
帯を仕立上げたり、其れより父上の（しやつ）をこしらへにかゝる、送状、長嶺のきぬさんの許へ着物を見に参られるよう知らす、足のたるき事いはんかたなし

と、洋服を縫製している様子が綴られているのである。このことは、長濱田鶴が洋服縫製技術を大津裁縫塾で習得し、実際生活の中でその技術を活用していたことを端的に物語っている。

もちろん、長濱田鶴は門人ではあったが、大津右の姪という立場、すなわち親族であるという一定の制約が存在することは否めない。しかし、このことは新たな仮説へと繋がる。それは、門人それぞれの生活の実情、すなわち階層差に合わせて、教育内容が異なっていたのではないかというものである。褄形や雛形といった学校で使用されている教具類は、どのような階層出身者にとっても等しく利用することは可能である。けれども、洋服縫製技術に関しては若干の疑問が残る。洋裁はある一定の階層の門人に対して教授されていた、つまり教授内容に和裁教授と洋裁教授の

二重構造が大津裁縫塾の裁縫教育に包含されていた、と捉えることが現段階では自然であろう。なぜなら、大津裁縫塾の門人は多様な階層によって構成されているが、その中には洋服を着用する機会を有する教員や吏員の娘が存在しているからである。

五　おわりに

本章では、大津裁縫塾を事例として、近世からの伝統的な裁縫教育を受けており、近代学校教育を享受していない女性が開設した裁縫塾における裁縫教育の内容、とりわけその変化についてみてきた。

そこでは、次のようなことがいえるだろう。必ずしも自らが学んだ裁縫技術の伝承に終始した訳ではなく、自分の置かれた環境や立場によって、学校教育で行なわれているような教授法や洋服縫製技術を摂取し、そして展開させていったのである。そこでは門人たちの実情に合わせた教授内容を提供していた、すなわち和裁教授と洋裁教授の二重構造を内包していた可能性がある。このように、近代学校教育を享受していない女性の開設した裁縫塾においても、教育内容に変化がみられるのであった。やや飛躍的かもしれないが、技術の「単純な再生産」に終始していたわけではなく、地域の実情に合わせ、時代により適した方策を摂取し、展開していくという姿勢をもった裁縫塾が存在していたのである。こうした事例は、明治期の裁縫塾の様態の一端を示しているといえるだろう。

推測の域を脱しないものの、近代的教授法や洋服縫製技術の摂取と展開が大津裁縫塾でなされた要因については、本章での論述やこれまでの研究成果に即すれば、二つ考えられる。第一として、坂崎尋常小学校の裁縫科を部分的に補完する機能をも包含していた点である。それゆえ、近代的教授法を摂取したということである。第二として、他の裁縫塾との差別化を意識した結果ではないかという点である。なぜなら、大津裁縫塾の周辺には他の裁縫塾が散見できるからである。大津裁縫塾が「地縁」「血縁」のない土地において裁縫塾を開設していたことから、門人形成の一助として近代的教授法や洋服縫製技術の摂取へと結実した可能性がある。

最後に、大津裁縫塾の果たした役割について付言しておきたい。一つは、女子中等（程度）教育機関へと進学するための迂回路的機能である。なぜなら、大津裁縫塾の門人のうち、高等女学校実科課程や裁縫女学校へと進学する者が見受けられるからである。もう一つは、自立した女性、すなわち自活することができる女性を育成する機能を包含していた可能性である。なぜなら、長濱田鶴の「日誌」を管見する限りにおいて、仕立物をなすことにより、自立している様相の一端が窺えるからである[34]。この点に関しては、別稿に譲りたいと思う。

注

（1）裁縫教育界の先覚者として著名な渡辺辰五郎や朴沢三代治たちの業績によるものとされる（常見育男『家庭科教育史』（光生館、一九五九年）など）。とりわけ、渡辺辰五郎の考案した教具による教授法はさまざまな呼称が用いられている。例えば、岡通子は「近代的裁縫教授法」と称している（岡通子「渡辺辰五郎の近代的裁縫教育」高橋春子編『女性の自立と家政学』法律文化社、一九八一年、七八頁）。本章では渡辺辰五郎の考案した教授法に特化せず、幅広い意味において「近代的教授法」と呼称することとする。その理由は、さまざまな教育者が近代学校での教授法の確立、発展を目指していたからである。

（2）明治以降における教員の職服の洋服化について佐藤秀夫は、「今世紀初頭（二〇世紀）までは民間での洋服の普及がはかばかしくなく〔中略〕校長層はともかくとして安月給の平教員たちは、相当あとまで和服を常用していた」としている（佐藤秀夫『教育の文化史4　現代の視座』阿吽社、二〇〇五年、一五三～一五四頁）。一方、拙稿「〔史料紹介〕明治三三年「南設楽郡并八名郡学事視察報告書」について―教員の職服についての解説を中心に―」（三河地域史研究会編『三河地域史研究』第二五号、二〇〇七年）において、山間部に属する地域での教員の職服の洋服化、その新調方法について解説をしている。

（3）深谷昌志は、すべての裁縫塾を各種学校に位置付けているものの、近代女子教育機関として、無名無数の裁縫塾が存在していたことを示唆している（深谷昌志『良妻賢母主義の教育』黎明書房、一九六六年、一八二頁）。他方、梅村佳代は、裁縫塾とは言明してはいないものの、近世来の裁縫教育の場が近代学校に包含されていく事例を紹介している（梅村佳代『近世民衆の手習いと往来物』梓出版社、二〇〇二年、六一頁）。

（4）野上彰子「下妻の裁縫所と裁縫教育」展示図録『下妻の裁縫所〜残された雛形を中心に〜』下妻市ふるさと博物館、一九九八年。榎陽介「裁縫所の民俗―わたしたちがみつけだしたもの―」前掲『下妻の裁縫所〜残された雛形を中心に〜』。同「裁縫所に民俗をみる」国立歴史民俗博物館編『よそおいの民俗誌』慶友社、二〇〇〇年。なお、民俗学では「裁縫塾」を「裁縫所」と呼称していることをことわっておく。

（5）島立理子「ひながたによる裁縫教育〜複製を通して〜」、同「久保木裁縫所資料について」、同「「むら」の裁縫所」『町と村調査研究』創刊号〜第三号、一九九八〜二〇〇〇年。同「「まち」の裁縫所―その特色と役割―」『民具研究』第一二八号、二〇〇三年。

（6）坂崎村は一九〇六（明治三十九）年に広田村として合併、一九〇八（明治四一）年には幸田村へと改称している。

（7）聞き取りの対象は大津右の御高孫にあたる大津準一氏である。

（8）大津右と大津嶋次郎の略歴、大津裁縫塾の概要については、全国地方教育史学会第三一回大会（二〇〇八年五月）での報告「大津裁縫塾における門人獲得のネットワーク」の中で若干触れたことをことわっておく。なお、本節では、特にことわりのないかぎり、大津準一氏の御教示と、岡崎市編『岡崎藩長尾家と西洋砲術』（岡崎市、一九九五年）に依拠した。

（9）大津家所蔵。

（10）「士族名簿（抄）」新編岡崎市史編集委員会編『新編　岡崎市史　史料　近代下　10』新編岡崎市史編さん委員会、一九八七年、二二四頁。そこでは次のような記載がなされている。

〔前略〕

旧岡崎県士族

実父亡喜六長男　通称清十郎事

永世禄四石九斗　士族　佐々木綱賢 ㊞

明治八年一月四十四年九月

〔後略〕

(11) 大津家所蔵。
(12) 「大津右　辞令」大津家所蔵。坂崎小学校開校一〇〇年記念事業運営委員会編『開校一〇〇年　幸田町立坂崎小学校』幸田町立坂崎小学校、一九七二年、二六頁。
(13) 「大津嶋次郎　辞令」大津家所蔵。前掲『開校100年　幸田町立坂崎小学校』、九・一〇、二六頁。
(14) 大津家所蔵。市販されている『懐中日記』に日々の出来事を綴ったものである。一九〇一（明治三四）年から一九三〇（昭和五）年までの「日記」が二四冊程（欠年あり）現存している。
(15) 「明治四五年　祝言祝儀帳」大津家所蔵。
(16) 前掲『開校一〇〇年　幸田町立坂崎小学校』、四〇頁。
(17) 「日誌（五）」大津家所蔵。
(18) 「明治三一年一〇月改　女子入門帳」大津家所蔵。
(19) 「明治三九年九月吉日　花友名簿　大津右」（大津家所蔵）と「日記」より。
(20) 特にことわりのないかぎり、前掲『開校一〇〇年　幸田町立坂崎小学校』、幸田町教育委員会編『幸田町教育一〇〇年史』（幸田町教育委員会、一九七三年）、「坂崎小学校沿革誌（抄）」（前掲『幸田町史　資料編　近代』、八一七～八一九頁）、「坂崎小沿革誌」（愛知県総合教育センター所蔵フィルム、番号：三河・四九五）に依拠している。
(21) 「明治三三年度額田郡町村立小学校統計表〔坂崎尋常小学校〕」大津家所蔵。下書き、もしくは控と類推される。
(22) 『明治四〇年　懐中日記』の「メモ欄」に記載がなされている「申請書・認可状写」より。
(23) 大津家所蔵。一九〇二（明治三五）年と一九〇三（明治三六）年のものが存在し、下書き、もしくは控と推定される。
(24) 前掲『開校一〇〇年　幸田町立坂崎小学校』には卒業生の通学区が記載されており、門人帳の地名記載との比較により算出した。
(25) 大津家所蔵。
(26) 前出「明治三一年一〇月改　女子入門帳」。
(27) 岡通子前掲論文、七八～七九頁。
(28) 常見前掲書、三二五頁。
(29) 岡田安次郎『女子裁縫高等学院長小出新次郎君述　速記者簗微君速記　告別之辭』女子裁縫高等学院建築事務所、一九〇三年。

(30) 岡通子前掲論文、七九頁。
(31) 中村仁弌編『北設楽郡小学校教授細目』今泉平兵衛、一九〇一年。
(32) それぞれの目次は次のように構成されている。
三ツ身片面長着羽織裁方、三ツ身片面被布裁方、本裁片面鈎衽裁方〔中略〕、小児寝びへ知らず裁方及縫方、西洋胸掛裁方及縫方、半股引裁方及縫方、ズボン下裁方及縫方、質問之部、つま形使用法、つま待針刺方及縫方、裁縫術研究会入会規則、女子裁縫高等学院入学規則、裁縫専科教員養成所入学規則
(33) 褄形に関して、この時に送付されたのは小出新次郎の考案したものであるが、それより以前にすでに摂取されていたと考えるのが、第二節（一）の結果として妥当であろう。ただし、一九〇一（明治三四）年以前に存在したと考えられる褄形について、小出新次郎の考案した褄形かどうかまでの判断はつかない。
(34) 例えば、「日誌」の六月二日条には「おまちさん福岡へ行くとて行き帰りよらる、（レース糸を買って来ておべんとう袋を編みてくれとて頼まれたり（編ちん五銭給はる）」とあるように、仕立物をなすことによって金銭を得ている様子が窺えるのである。

〔付記〕
本章は第四八回近世史サマーセミナー分科会報告「明治期の裁縫塾における近代裁縫技術の摂取と展開について―愛知県額田郡坂崎村大津裁縫塾を事例に―」（二〇〇九年七月一八日）、その後の史料収集などによる成果を踏まえた、三河地域史研究会例会報告「近代女子中等教育と裁縫塾―三河地方を事例にして―」（二〇〇九年九月一二日）を基本にして加筆・修正したものである。なお、史料の閲覧などにあたり、大津家現当主の大津準一氏に大変お世話になった。末筆ながら感謝の意を述べたい。

あとがき

今日、人や物、マネーが国境を越えて激しく行き来するグローバリゼーションの荒波が世界中を翻弄している。そのことが経済だけでなく人びとの暮らしにも大きな影響を与え、一か月先の未来も予測困難な状況にある。日本もまた例外ではない。

日本が西洋との接触を本格的に開始したのは、一五〇年余り前のことに過ぎない。しかし、短期間に西洋との交渉は急速に本格化した。本書の各章がその一端を明らかにしてきたように、教育・文化を含め、日本国内のあらゆる面での近代化は、こうした西洋世界とのかかわりによって強く規定されてきた。

戦後、日本が経済成長を始めると、その歴史が西洋世界から注目されるようになった。焼け跡からの急速な経済復興の要因が歴史のなかに求められたのである。こうした欧米の研究者によって開始された研究は「近代化論」と呼ばれる。「近代化論」は、マルクス主義的歴史観が主流を占めていた日本の歴史学界に大きな衝撃を与えたが、「近代化論」には同時に政治的な目的も込められていた。後発資本主義国家である日本の近代化を、当時、開発途上国を引き付けつつあったソ連型の近代化に対抗しうるモデルとする意図もあったのである。

だが、考えてみれば、マルクス主義的歴史観にしろ、「近代化論」にしろ、西洋から日本に持ち込まれたものである。両者とは別の立場に立つにしても、私たちの視角が西洋世界からの影響を受けていることは否定できない。要するに、日本の近代化の歩みだけでなく、歴史を振り返るときに用いる「眼鏡」さえも西洋世界と無関係にはありえないのである。教育文化交流史は、教育の近代化過程における交流の歴史的事実だけでなく、歴史をみる「眼鏡」そのものをも意識化するところから始まるといってよい。

このようにみてくると、教育文化交流史という枠組みは、日本の近代以降の教育史を考える際には極めて重要な意味をもっているということがわかるだろう。とはいえ、本書では「教育文化交流」という概念を厳密に定義づけることはしなかった。それは、ゆるやかに仮設された概念に導かれながら、個別の特徴的な実証研究を着実に積み重ねていくことがまずは必要ではないかと考えたからである。こうした地道な作業を繰り返すことによって教育文化交流という概念の内実も豊かになっていくことだろう。

本書は、名古屋大学教育学部・大学院教育発達科学研究科で長らく教育史を講じてこられた加藤詔士教授の退職を記念して編纂された。加藤教授は、西洋教育史を専門とされてきたが、早くから内外教育文化交流史に着目し、この方面での研究の重要性を提起するとともに、丹念な新史料の発掘と紹介を通じて数多くの研究業績をあげてこられた。いうまでもなく本書は、そうした成果に学びながら編まれたものである。

本研究の推進に際して、名古屋大学教育発達科学研究科の二〇〇九年度研究科長裁量経費からの補助を受けた。また本書の刊行には、名古屋大学学術振興基金から出版助成を得ることができた。お世話になった方々には心よりお礼を申し上げたい。

二〇一〇年三月

吉川　卓治

執筆者一覧（執筆順）

藤井　基貴　静岡大学教育学部准教授
五島　敦子　南山短期大学英語科教授
加藤　詔士　編者
足立　　淳　名古屋大学大学院教育発達科学研究科博士課程
吉川　卓治　編者
的場　正美　名古屋大学大学院教育発達科学研究科教授
青山　佳代　名古屋大学評価企画室助教
内田　純一　愛知県立大学教育福祉学部准教授
山下廉太郎　名古屋大学大学院教育発達科学研究科博士課程

■編著者紹介

加藤　詔士（かとう　しょうじ）

1947年　名古屋市に生まれる。

1970年　名古屋大学教育学部卒業

1976年　名古屋大学大学院教育学研究科博士課程修了、
名古屋大学大学院教育発達科学研究科教授などを経て

現　在　愛知大学法学部教授・名古屋大学名誉教授、教育学博士

主たる著書

『英国メカニックス・インスティチュートの研究』（神戸商科大学経済研究所、1987年）

『歴史のなかの教師・子ども』（共編著　福村出版、2000年）

『日本の近代化とスコットランド』（共編訳　玉川大学出版部、2004年）

吉川　卓治（よしかわ　たくじ）

1963年　名古屋市に生まれる。

1986年　名古屋大学教育学部卒業

1990年　名古屋大学大学院教育学研究科博士課程中退、
神戸商科大学助教授などを経て

現　在　名古屋大学大学院教育発達科学研究科准教授、博士（教育学）

主たる著書

『差別と戦争―人間形成史の陥穽―』（共著　明石書店、1999年）

『西宮現代史』第一巻Ⅱ（共著　西宮市、2007年）

『新版　子どもの教育の歴史』（共編著、名古屋大学出版会、2008年）

西洋世界と日本の近代化
―教育文化交流史研究―

2010年5月30日　初版第1刷発行

■編 著 者――加藤詔士／吉川卓治
■発 行 者――佐藤　守
■発 行 所――株式会社大学教育出版
〒700-0953　岡山市南区西市855-4
電話(086)244-1268㈹　FAX(086)246-0294
■印刷製本――サンコー印刷㈱

ISBN978－4－88730－996－8